비음과 비성도

성철재 저

이 책은 2010년도 정부재원(교육과학기술부 대학연구인력 국제교류지원사업비)
으로 한국연구재단의 지원을 받아 연구되었음(NRF-2010-013-A00014).

머리말

nasality는 비음 혹은 비성이 우리 귀에 지각될 때 사용하는 용어다. 즉, 비음 혹은 비성에 대한 지각적 느낌을 말한다. 이에 반해 nasalance는 산출된 발화 속에 어느 정도의 비음 혹은 비성이 섞여 있는가 하는 물리적 양을 일컫는 말이다. 이 연구에서는 nasality를 '비음성'이라 부르고, nasalance를 '비성도'라 부른다. nasality도 '비성'이란 용어를 사용하여 '비성성'으로 부를 수도 있겠으나, 귀에 들리는 어감이 그리 부드럽지는 않다.

이 책의 제1장과 제2장에서는 비음(nasal sound), 비모음(nasalized vowel)에 대한 개론적 설명과 함께 비음성과 비성도의 개념을 전문적으로 소개하고 있다. 두경부에 문제가 없는 정상인이라 하더라도 비성도를 측정하면 상호 간 개인차가 존재하기 마련이다. 정상의 범주에 드는 말소리를 청지각적으로 평가하여 비성이 많이 느껴지는 집단과 그렇지 않은 집단을 나누어 볼 수 있을 것이며, 이렇게 구분된 두 집단 간에는 비성도 차이가 있을 수 있다(혹은 통계적 차이가 관찰되지 않을 가능성도 있다, 제3장 참고).

제4장에서는 이러한 청지각적 평가 결과를 바탕으로 정상모

음 지각군과 비성모음 지각군 시료로 데이터를 분류한 다음, 정상군과 비정상군의 경계에 위치하는 시료를 골라서 비성도를 체계적으로 증감한 자료를 만들 것이다. 그리고 이를 이용하여 다시 (비성도의 정도를 평가하는) 청지각 평가를 실시한 뒤 그 결과를 바탕으로 규준값(normative value)이 될 수 있는 비성도 값을 선정하고자 한다. 즉, 정상인 음성시료에 대한 비성도 규준이 마련되는 것이다.

산출된 발화에 비성이 어느 정도 섞여 있는지 살피기 위해서는 나조미터(Nasometer) 혹은 NasalView와 같은 꽤 값이 나가는 측정 도구를 사용해야 한다. 비성도는 산출되는 말소리의 구강에너지와 비강에너지의 상대적 수치를 이용하여 측정한다. 따라서 이러한 기기들은 코와 입을 가로막는 격막이 달려 있는 헤드기어를 착용할 것을 요구한다. 측정의 오차는 헤드기어가 피험자의 코와 입을 얼마나 잘 분리하는가에 달려 있다.

부담이 되는 가격 그리고 측정오차가 존재할 수밖에 없는 헤드기어 장치의 한계 등을 생각해 볼 때 일반적인 마이크로폰 입력 방식의 데이터만으로, 즉 음향 데이터만으로 비성도를 측정할 수 없을까 하는 욕심을 내는 건 아주 자연스러운 발상이다. 이 연구의 제5장, 제6장에서는 이러한 요구에 대한 실험적 연구를 제안하고 있다. 5개 내외의 음향변수를 사용하여 헤드기어를 요구하는 비싼 기기를 대신할 수 있을지 그 가능성을 타진하는 것이다.

이 연구에는 많은 제자와 동료 학자들의 도움이 녹아 있다. 청지각 평가를 활용한 비성도 규준 마련에 관련된 부분은 강영애 박사의 아이디어가 촉매 역할을 하였고 데이터 녹음, 나조미터를 이용한 비성도 측정, 지각실험과 관련하여 많은 노력을 보태주었다. 더불어 초기 연구에 도움을 준 이송이, 박영진 선생에게도 고마움을 표한다. 연구가 본격적으로 진행된 것은 2010년도 1년을 보낸 미국 인디애나 대학교의 말 · 청각과학과(Dept. of Speech & Hearing Sciences)에 연구 파견을 나가면서부터다. 연구 환경 구축에 절대적인 도움을 주고 아이디어가 막혀서 진행이 어려울 때마다 실마리를 제공해 주셨던 Karen Forrest 선생님께도 감사의 말씀을 전한다. 비음에 대한 연구는 1990년대부터 필자의 주요 중심 주제 중 하나를 형성하였다. 필자는 음성학의 세부 영역 중 운율을 전공하였지만, 분절음 중에서는 비음에 대해서 많은 애정을 쏟았다. 최순애 선생은 2006년 비음 연구를 같이 진행하면서 어려운 초벌 분석을 많이 맡아 주었다. 원광대학교 최은아 교수는 청각장애인들의 공명장애음에 대한 연구를 같이 진행하면서 비성도에 관련된 아이디어를 많이 제공해 주었다. 대체 음향 파라미터를 생각해 보게 된 것은 그 무렵부터다. 모두에게 감사의 말씀을 전한다.

연구에 사용된 음향 파라미터를 계산하기 위해서는 Praat을 활용한 프로그래밍이 절대적으로 필요하다. 주요 알고리즘을 공유하고 소개해 주셨던 홍익대학교 박한상 선생님과 영남대학교 윤규철 선생님께 다시 한 번 감사의 말씀을 전한다. 마지막으로 출판을 허락해 주신 학지사 김진환 사장님과 출판부 김순호 부장님 그리고 책임편집을 해 주신 김연재 님께 감사의 인사를 드린다.

2012년 12월

성철재

차 례

제1장 비음의 특징*

1. 비음의 생성과정
2. 비음의 종류
3. 음원-필터 이론
4. 비음의 공명 주파수

비음은 구강의 한 부분을 막고 연구개를 내려 폐로부터 나오는 기류를 비강을 통해 내보내면서 조음하는 소리다. 좀 더 정확하게 기술하자면 폐장날숨기류(egressive pulmonic airstream)를 이용하고, 구강의 어떤 조음점(예를 들면 입술, 치조, 경구개, 연구개 그리고 목젖 등)에서의 완전한 막음이 수반되며, 이와 동시에 연구개가 하강하여 폐로부터의 공기가 비강으로 자유롭게 탈출하면서 만들어지는 소리라고 할 수 있다.

---

* 앞부분에 등장하는 논의는 성철재(1996)의 내용에 근거한다.

1. 비음의 생성과정

비음의 생성과 관련된 전체 조음기관은 다음의 세 가지 부분으로 분류할 수 있다.

① 성문(glottis)에서 연구개(velum)까지 연결되는 인두(pharynx)
② 조음점에서의 완전한 막음(closure)을 수용하는 구강(oral cavity)
③ 비인두(nasopharynx)를 포함하는 비강통로(nasal tract)

이 세 부분은 연구개의 끝에서 음향적으로 연결되어 있다. 비음의 생성은 혀 혹은 입술을 이용한 구강의 완전폐쇄와 연구개 하강(velar lowering)으로 인한 비강통로의 개방이라는 두 동작의 결합에 의해 이루어진다. 연구개 하강은 인두에서 비강통로로의 공기길을 열어 주며, 이 공기길 입구를 '연인두문'이라 한다.

비음에 수반되는 구강폐쇄는 유성파열음[b, d, g] 등의 조음과정과 유사하기 때문에 어떤 음성학자들은 비음을 '비음화(nasalization) 자질'을 지닌 파열음으로 구분하기도 한다. 구강폐쇄 기간 동안 성문에서의 소리 만들기(phonation) 과정을 통해 만들어진 소리는 연인두문과 비강통로를 거쳐 콧구멍을 통해 공기 중으로 전파(propagation)된다.

2. 비음의 종류

국제음성문자(IPA)에 분류되어 있는 비음의 종류에는 다음의 일곱 가지가 있다.

① 양순비음(bilabial nasal) [m]
② 순치비음(labio-dental nasal) [ɱ]
③ 치조비음(alveolar nasal) [n]
④ 권설비음(retroflex nasal) [ɳ]
⑤ 경구개비음(palatal nasal) [ɲ]
⑥ 연구개비음(velar nasal) [ŋ]
⑦ 목젖비음(uvular nasal) [N]

이들 중 한국어에서 실현되는 비음은 음운론적으로는 /m/, /n/, /ŋ/의 세 종류를 들 수 있으며, 음성적으로 [m], [n], [ɲ], [ŋ]의 네 가지를 설정할 수 있다. 물론 각 음소들은 환경적인 영향을 받아서 많은 수의 변이음(allophone)으로 실현될 수 있으며, 네 가지의 음성형태 이외의 다양한 경우의 수로 확산될 것이다. 변이음이 만들어질 수 있는 환경은 한국어의 다른 소리

THE INTERNATIONAL PHONETIC ALPHABET (revised to 2005)

CONSONANTS(PULMONIC) © 2005 IPA

	Bilabial	Labiodental	Dental	Alveolar	Postalveolar	Retroflex	Palatal	Velar	Uvular	Pharyngeal	Glottal
Plosive	p b			t d		ʈ ɖ	c ɟ	k ɡ	q ɢ		ʔ
Nasal	m	ɱ		n		ɳ	ɲ	ŋ	ɴ		
Trill	ʙ			r					ʀ		
Tap or Flap		ⱱ		ɾ		ɽ					
Fricative	ɸ β	f v	θ ð	s z	ʃ ʒ	ʂ ʐ	ç ʝ	x ɣ	χ ʁ	ħ ʕ	h ɦ
Lateral fricative				ɬ ɮ							
Approximant		ʋ		ɹ		ɻ	j	ɰ			
Lateral approximant				l		ɭ	ʎ	ʟ			

[그림 1-1] IPA 도표. 비음(nasal) 부분을 주목하라.
(http://www.langsci.ucl.ac.uk/ipa/)

들과 마찬가지로 대략 다음의 일곱 가지 경우로 분류될 수 있다(이호영, 1993).

① 전설 구개모음 /i/와 경구개 반모음 /j/ 앞에서 구개음화

② 원순모음 /o, u, ø/와 원순 연구개 반모음 /w/ 앞에서 원순음화

③ 원순 전설 구개모음 [y]와 원순 경구개 반모음 [ɥ] 앞에서 구개음화+원순음화

④ 그 밖의 다른 모음 앞에서 음가 그대로 [m], [n], [ŋ]으로 실현

⑤ /ŋ/의 경우 /a, ə/ 뒤 어말에서 그리고 /a/나 /ə/ 사이에서 목젖소리 [N]으로 실현

⑥ /h/ 앞에서 /h/가 강하게 발음될 때, 무성의 유기비음으로 실현

⑦ /h/ 앞에서 /h/가 약하게 발음될 때, 유성의 유기비음으로 발음되기도 하고 /h/ 자체가 탈락하면서 비음의 음가 그대로 발음.

3. 음원-필터 이론

Fant(1960)의 음원-필터 이론(source-filter theory)은 성대진동 결과로서의 소음(glottal wave)인 음원이 성도(vocal tract) 필터를 거쳐 입에서 방출(radiation)되는 것으로 설명한다. 이 이론에 의하면 소리 압력(sound pressure)의 주파수 반응(frequency response)은 음원, 방출, 필터 특성의 곱으로 나타낼 수 있다고 한다. 다음의 〈식 1-1〉을 보라.

$$P(f)=|S(f)||T(f)||R(f)| \qquad \text{〈식 1-1〉}$$

〈식 1-1〉에서 $P(f)$는 소리 압력의 주파수 반응을 나타낸다. $S(f)$는 음원 특성, $T(f)$는 필터 특성으로 성도 전달함수(transfer

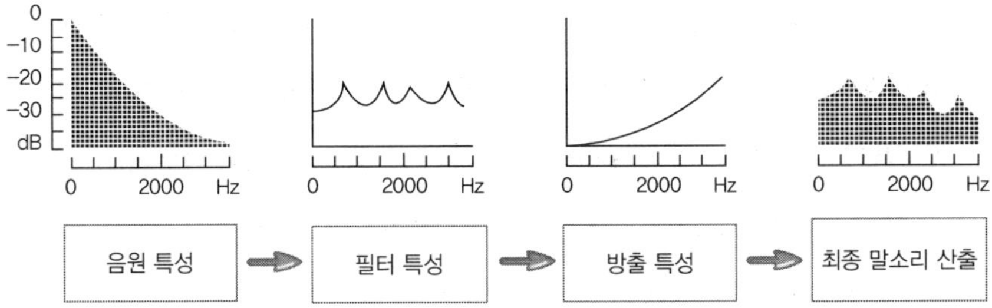

[그림 1-2] 음원-필터 이론의 단순화(Ladefoged, 1996)

function), *R*(*f*)는 방출 특성을 나타낸다.

말소리 생성에 사용되는 음원은 날숨이 성대를 진동시킨 결과물로서의 성문파를 일컫는다. 성문파는 주파수 영역에서 대략 옥타브당 12dB로 떨어지는 기울기(−12dB/oct)를 가진 스펙트럼으로 분석된다. 성도 전달함수는 개략화시키자면, 성대에서 입까지 이르는 17cm 정도의 성도 길이를 한쪽 끝이 막힌 균일한 관(uniform tube)으로 가정할 때의 공명 특성을 일컫는다. 방출 특성은 입술에서 말소리가 방출되는 순간 옥타브당 6dB의 값을 더 얻는 것을 말한다(+6dB/oct). 결과적으로 공기 속에 흩어진 말소리의 스펙트럼은 옥타브당 6dB로 진폭이 감소하는 패턴을 보여 주게 된다([그림 1−2]).

앞에서 옥타브는 특정 주파수를 두 배한 값을 말하며, 스펙트럼은 2개 이상의 사인파(sine wave)가 결합된 복합파(complex wave)를 푸리에 분석(Fourier analysis)하여 얻은 단순파(simple wave)로 분해된 결과물을 말한다. 이 결과물은 x축이 주파수

(frequency), y축이 진폭(amplitude)으로 표현되는 2차원 평면에 표현된다. 즉, 이렇게 표현된 도해를 프리즘을 통과하여 분해된 빛의 스펙트럼에 비유하여 '소리의 스펙트럼'이라 한다.

성도 응답(vocal tract response)에 대한 수학적인 측면에서 공명(resonance)을 극점(pole)이라 부르고 반공명(anti-resonance)을 영점(zero)라 할 수 있다. 성문에서 구강까지의 이동길을 하나의 관으로 가정한다면 공명의 성분, 즉 극점만 생각할 수 있는 전-극점(all-pole) 시스템으로 생각할 수 있다. 그러나 단일하게 구성된 관에 비강통로와 같은 분지(branch)를 내게 되면, 전-극점 전달함수에 반공명의 성분인 영점을 도입하는 결과를 낳게 된다. 전-극점 시스템으로 규정했을 때 성대에서 코까지의 길이는 대략 21cm가 되어 〈식 1-2〉를 따른다면[1] 첫 번째 공명 주파수가 404Hz가 되는데, 콧속의 부비강과 접형골동 등 매우 복잡다양한 구조물과 윤습한 환경 속에서 공명 주파수는 더 내려가서 대략 300Hz 내외에서 첫 번째 공명 주파수가 생성된다. 이를 'nasal murmur'라 한다([그림 1-3] 참고).

언급했듯이 비음은 인두 및 구강과 비강통로가 상호작용한 결과로 만들어지는 소리인 까닭에, 기류가 구강통로로만 흐르는 다른 소리와는 그 음향적 특성이 다를 수밖에 없다. 음원(source)인 성대(vocal cord)와 맞붙어 필터의 역할을 수행하는

---

1) p. 21 참고.

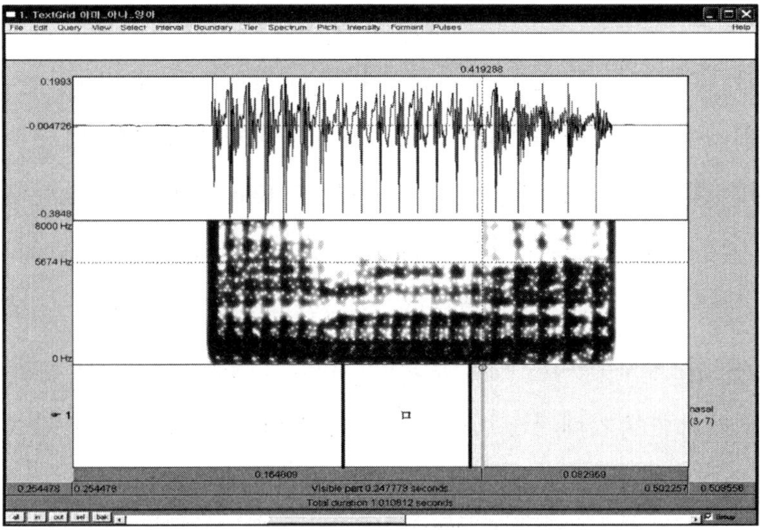

[그림 1-3] 한국어 /아마/ 연쇄에서의 /ㅁ/ 부분. 300Hz 부근에서 'nasal murmur'가 관찰된다.

구강성도는 주파수의 응답 특성(response characteristic)과 관련하여 다양한 소리를 만들어 낸다.

비음은 비강이라는 또 하나의 필터를 새로이 도입하는 까닭에 주파수의 응답 특성도 그에 따라 변하게 되며, 이 경우 본래의 공명과 대치되는 반공명이 발생한다. 반공명은 스펙트럼에 미치는 효과의 측면에서 공명과 대립되는 개념으로 이해할 수 있다. 앞에서 예를 든 각각의 비음들은 극점(pole) 및 영점(zero)와 관련하여 각기 다른 분포를 보이며 또한 각 포먼트의 에너지 분포의 강약에서도 차이를 나타낸다.

영점은 공명 주파수의 스펙트럼이나 혹은 공명 주파수 근처의 스펙트럼을 강화하거나 증폭시키는 대신, 선택적으로 소리를 흡수한다. 그 결과 반공명 주파수 근처에 있거나 바로 자기 위치에 있는 주파수 대역의 에너지를 강하게 감소시킨다. 따라서 영점은 스펙트럼상에서 약한 조화음(harmonic)으로 표현되거나 혹은 조화음이 전혀 없을 수도 있으며, 결과적으로 에너지가 약화된 모습으로 나타난다. 이러한 효과는 인두-구강 통로와 비강통로 사이의 개방 정도(amount)에 의존한다. 다시 말해, 스펙트럼에 가해지는 비음화 효과는 앞의 두 통로 사이의 '짝짓기 정도(amount of coupling)'에 의존하며 결과적으로 영점과 여타 포먼트의 주파수 위치에 영향을 주게 된다.

비강입구는 그 크기가 다양하게 바뀌는데, 구강폐쇄 전에는 작은 데서 큰 데로 그리고 구강폐쇄 동안에는 큰 데서 작은 데로 바뀌게 된다. 연구개가 개방되는 정도에서의 이러한 다양한 변화는 결과적으로 주파수 응답 특성을 바뀌게 하여 극점과 영점의 주파수 대역에서의 변화를 야기하게 된다. 비음은 그 대역폭(bandwidth)이 넓다. 코길이 열려 있기 때문에 성도 표면적과 부피가 다른 분절음에 비해 더 크기 때문이다.

4. 비음의 공명 주파수

한쪽 끝이 막혀 있고 나머지 한쪽 끝은 열려 있는 단일 튜브

(uniform tube)의 경우 다음 공식으로 공명 주파수(포먼트)를 계산한다(〈식 1-2〉).

$$F(n)=\frac{(2n-1)c}{4L} \qquad \text{〈식 1-2〉}$$

여기서 $F(n)$=n번째 공명 주파수, L=튜브의 길이, c=상온에서의 공기 중 소리 전달 속도(대략 340m/sec)에 해당한다. 목젖 비음의 생성을 위해 비강통로가 개방되면 (성문이 닫힌 상태로 가정하여) 성대에서 콧구멍까지의 단일 튜브로 수학적 모델링을 할 수 있다. Johnson(2005)에 의하면 목젖부터 콧구멍까지의 거리가 12.5cm이고 목젖부터 성대까지의 거리가 9cm라서 전체 길이를 합산하면 21.5cm가 된다. 비음의 순수 공명 주파수는 앞에서 언급하였다.

비모음과 비성도 제2장

1. 비모음에 대한 고찰
2. 비성도

1. 비모음에 대한 고찰

성도와 비강통로의 음향적 결합(acoustic coupling)은 연구개뿐만 아니라 후인두벽(posterior laryngeal walls)과 측인두벽(lateral pharyngeal walls)에 의해 조절된다. 비강통로쪽으로의 개방[비강통로와 부비동(sinuses)을 포함하여]은 기류를 코쪽으로 흐르게 함과 동시에 입으로도 흐르게 하고, 이러한 음향적 결합은 모음을 비음화되게 한다(=비모음화). 연구개와 인두가 만나서 형성된 구강과 비강, 인두강의 결합장소인 연인두문(velopharyngeal port)은 비자음인 /m/, /n/, /ŋ/을 조음하는 동안 개방되어 있다. 그러나 장애음(obstruents)의 경우 구강내 압력의 형성을 위하여 연구개가 올라가므로 연인두문은 닫히게 된다. 일반 모음을 발화하는 동안, 그 모음이 비음과 인접해 있다면 연인두문은 많이 열려 있게 된다. 불어의 몇 모음은 다른 구강 모음과의 변별을 위하여 의도적으로 비음화가 된다.

특정인의 경우, 연인두문의 조절이 일반인과 다른데 비강통로의 해부학적인 변형으로 인해 이러한 차이점이 나타나게 된다. 연인두문의 개방이 너무 심한 말소리 장애는 청각장애자들에게 가장 일반적인 문제거리 중 하나다(Stevens et al., 1976; Chen, 1997). 구개열이나 마비된 연구개를 가진 사람 혹은 아데노이드 절제술(adenoidectomy)을 받은 사람들은 비음과 비음이 아닌 소리를 구별하여 조음하는 데 어려움이 있다(Kuehn &

Dalston, 1989). 더 나아가 심각한 부비동염(sinusitis)을 없애기 위하여 비도 삽입 부비강 수술을 한 환자의 경우, 술후 말소리에서의 변화를 경험하기도 한다(Chen & Metson, 1997).

비음화된 모음에 대한 음향이론을 살펴보면 비강통로와 구강통로 사이에서의 음향적 결합이 음향 스펙트럼에 어떻게 영향을 미치는지 예견할 수 있다. 이론적 예견은 성도와 비강통로의 물리적 차원(해부학적 차원)에 기반을 둔다. 코는 비중격(septum)에 의해 2개의 통로로 갈라진다. Bjuggren과 Fant(1964)는 성인 남성 코의 단면적 측정 결과, 비강통로의 전체 표면적이 실제 코와 동일한 표면적을 가진 실린더 모양의 튜브에 비해 3.5배 정도 된다는 것을 알아냈다. 4명의 MRI 자료에 근거하여 Dang 등(1994)은 비강통로의 면적 함수는 사람마다 다르다는 것을 발견하였다.

또한 다양한 이름으로 불리는 부비동(paranasal sinuse)이 있다. maxillary(턱쪽), frontal(전면), sphenoid(접형골동), ethmoid sinuses(사골동)이 그것인데, 비강소구(ostia)로 불리는 조그만 골도(bony pathway)를 통해 주요 비강통로의 측벽에 연결되어 있다. 비중격을 따라 펼쳐져 있는 비강통로의 비대칭적 모습으로 인해 비강통로 전달함수에 극점-영점(pole-zero) 쌍이 나타나게 된다(Chen, 1997). 신호처리 영역에서 Z-변환과 관련된 식에서 $X(z)=0$이 되는 Z값을 영점이라고 하고, $X(z)=\infty$가 되는 Z값을 극점이라고 한다.[1] 음성학적 관점에서는 스펙트럼상에 공명

에너지가 강화되는 포먼트와 같은 패턴을 극점이라 보면 될 것이고, 비강 공명과 같이 반포먼트(anti-formant)가 생길 경우, 이러한 반포먼트의 성분을 극점에 대립되는 영점이라고 간주할 수 있다.

Dang 등(1994)은 이중 튜브 모델에서 비강통로는 2~2.5kHz 부근에서의 부가적인 극점-영점 쌍에 의해 전달함수가 영향받는다고 결론을 내었다(이때 비대칭에 대한 면적 함수의 계수는 0.3 정도다). 이 극점-영점 쌍은 제1포먼트의 근처에서는 전달함수에 영향을 미치지 않는다.

만약 2개의 채널(비강통로)이 대칭이라고 가정하면, 비강통로는 주통로인 성도의 측면 분지(side branch)로 모델링할 수 있다. 이 측면 분지는 조정이 가능한 연인두 문의 통로와 그 통로에 연이어 고정된 공명강이 붙어 있고, 최종적으로 콧구멍까지 연결된다. [그림 2-1]은 비음화된 중립 모음의 이론적 모델링에 이용되는 성도, 비강통로 그리고 상악골동(maxillary sinus)의 모습을 보여 준다. 이 그림은 Dang 등(1994)과 Stevens(2000)의 연구에 기초하고 있으며, 성도와 비강통로 그리고 그에 따른 해부학적 기관에 대한 길이, 단면적, 둘레, 부피를 포함하고 있다.

비강통로라는 측면이 가지는 구강모음에 대해 설정하는 전-극점(all-pole) 시스템에 대하여 여분의 극점과 영점을 더하게

---

1) 수학적으로 Z-변환은 시간 영역 신호를 주파수 영역 신호로 바꾸는 역할을 한다.

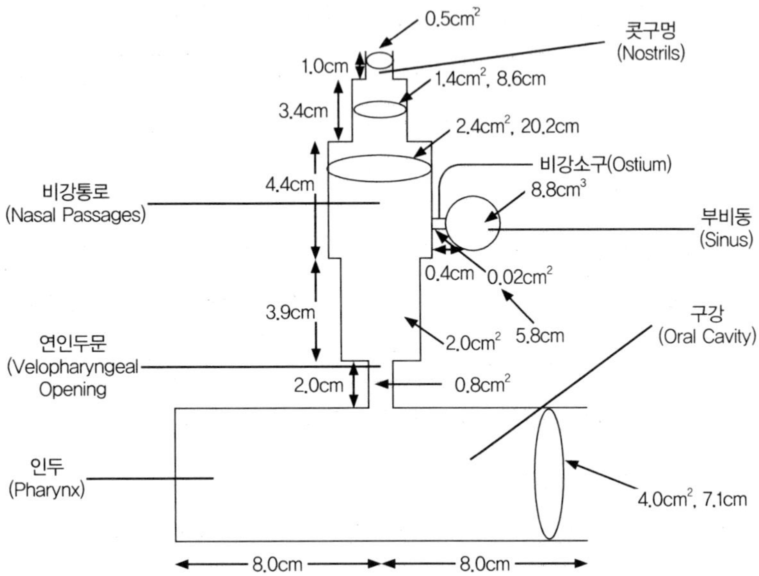

[그림 2-1] 성도, 비강통로, 상악골동의 평균 물리적 크기. 길이, 단면적, 둘레, 체적값이 포함되어 있다(Chen, 1997).

된다(Fant, 1960). 극점-영점 쌍의 위치(주파수 영역에서의)는 *Bn*, *Bm* 그리고 *Bp*로 기호화할 수 있는 지점에서의 서셉턴스(susceptance)의 합을 계산하여 결정할 수 있다. 이 세 가지 서셉턴스는 각각 코, 구강, 인두로 향하는 교차지점에서의 리액턴스(reactance)의 역수로 이해할 수 있다(Fujimura, 1960). 전체 시스템(음향 공명에서의 여과기)의 자연주파수는 $Bn+Bm+Bp=0$이 되는 주파수를 일컫는다([그림 2-2] 참고).

이 주파수들은 주파수에 대한 *Bn*, -(*Bm*+*Bp*) 곡선의 교점을 찾음으로써 결정될 수 있다. 비강의 리액턴스는 연인두문의 열

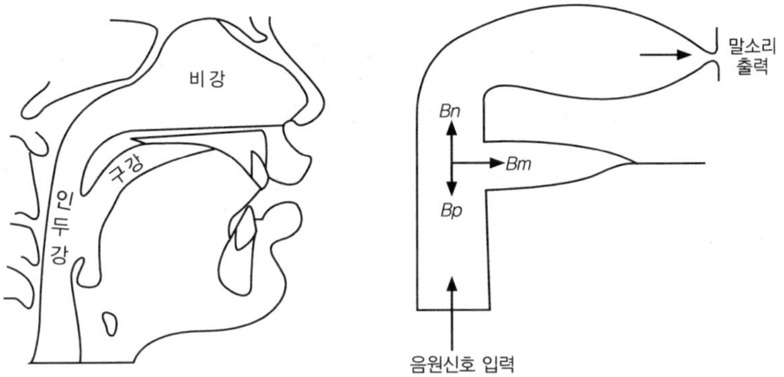

[그림 2-2] 서셉턴스 *Bn*, *Bm*, *Bp*에 대한 도해(Fujimura, 1960)

림 정도를 나타내는 음향물리량(acoustic mass) 그리고 비강의 리액턴스의 일련 결합으로 근사될 수 있다. 실험적으로 측정된, 막혀 있는 연인두문 위쪽 비강의 전달함수에 기초하여 서셉턴스 *Bn*은 대략 500, 2000Hz에서 영점을 갖는 것으로 추정된다. 이 정보는 *Bn* 곡선을 계산하는 데 이용될 수 있다. *Bm*+*Bp*는 입은 열리고, 성문은 닫힌 성도 모양에서의 1차 파형 방정식을 풀면 해결할 수 있다.

서셉턴스의 그래픽 분석은 비모음 전달함수의 극점과 영점 주파수를 나타낸다. F1은 밀려나서 그 자리에 부가적인 비강 공명이 자리 잡는다. *Bn*이 무한대로 갈 때 단락(short circuit)으로 작용하는 측면 분지에 대한 영점 그리고 *Bm*이 무한대로 갈 때 단락으로 작용하는 구강에 대한 영점은 전체 시스템의 최저 영점을 계산하는 데 필요하다. 연인두문이 작용하는 음향적 결합의 증가는 비강 포먼트, 반포먼트 주파수의 상향 이동 그리고 부가적 피크 진폭의 증가와 일치한다. /a/의 경우, 연인두문이 크게 열리면 910Hz의 pole에 12.1dB 정도의 진폭 증가를 유도한다. 모음 /i/와 같이 작게 열리는 경우도 810Hz 정도에서 13.5dB 정도의 증가가 관찰된다(Chen, 1997).

쉬어가기

임피던스, 리액턴스, 서셉턴스, 어드미턴스

임피던스(impedance)는 X_m(질량 리액턴스), X_e(탄성 리액턴스) 그리고 R(저항)의 결합체다. 즉, 임피던스는 이 세 가지 물리량으로서의 복합 벡터량이다. 벡터는 크기와 방향이 있는 물리량을 말한다. 여기서 임피던스 Z의 크기는 $Z=[R^2+(X_m-X_e)^2]^{0.5}$와 같은 공식으로 계산할 수 있다. 이 식을 간략하게 줄여서 $Z=R+jX$와 같이 쓰며, R은 실수부로서 저항을 의미하고 X는 허수부로서 리액턴스가 된다. 앞의 복잡한 식에서 괄호 속에 들어 있는 부분이다. 임피던스의 저항값이 클수록(다시 말해, 진동에 대한 순수한 저항값이 클수록) 진동 혹은 운동의 양은 작아진다(Bess & Humes, 2003).

임피던스의 역수(reciprocal)가 어드미턴스(Y)다. 임피던스가 저항과 리액턴스(X)의 총합으로 표현되듯이, 어드미턴스도 컨덕턴스(G)와 서셉턴스(B)의 총합으로 표현된다. 어드미턴스를 Y, 컨덕턴스를 G, 허수단위 $\sqrt{-1}$을 j라 할 때, 어드미턴스의 식 $Y=G-jB$에서 허수부 B가 서셉턴스다. 서셉턴스는 회로 고유의 값이 아니며, 회로를 흐르는 전류의 주파수에 따라 그 값이 정해진다.

2. 비성도

공명 장애의 관점에서 정상 조음과 비교하여 비성 지각이 많이 될 때 비성도가 높다고 한다. 비성도는 Fletcher와 그의 동료에 의해 제안되었는데(Fletcher & Frost, 1974), 유성음이 발화되는 동안 연인두문의 폐쇄 정도를 측정하는 것이다.[2)]

방식은 비강을 통해 누출된 음향에너지와 구강을 통해 누출된 음향에너지를 비교하는 것이다. F_0-비성도(F_0-nasalance)라고 불리는 비성도 측정방식은 비강 음향에너지와 구강 음향에너지의 기본 주파수에서 진폭 부분만 사용한다.

2) 비음도, 비음치라는 용어로 번역할 수도 있으나, 이 연구에서는 비성도로 통일하기로 한다(최은아, 2010).

이중(double-folder)으로 분리되고 막혀진 마스크에 의해 측정되는 F_0-비성도는 그 이전에 제시된 비성도의 개념(F1-비성도: 보편적 비성도의 개념)보다 몇 가지 더 장점을 보여 준다. F1-비성도는 헤드셋으로 코와 입을 분리한 후 마이크를 이용하여 음향에너지가 녹음되며, 주로 제1포먼트 주파수 영역의 음향에너지가 주된 측정 대상이 된다.

말소리 산출이나 노래를 부를 때, 특정 소리에 따라서 구인두(oro-pharynx)와 비인두(naso-pharynx)를 연결하는 통로를 열거나 닫는 과정이 필수적이다. 이 과정은 연구개를 내리거나 올리는 동작을 통해 달성된다. 연구개 상승(velar raising)으로 인해 후방 인두벽과 접촉하게 되면 비강통로 입구가 닫히게 된다. 이 연인두문의 통로는 /m/이나 /n/과 같은 비음이 산출될 때 반드시 열려 있어야 하며, 일반적으로 /p/나 /b/와 같은 정지음 혹은 /s/나 /z/와 같은 마찰음과 같이 어느 정도 구강 내 압력의 상승을 요구하는 자음을 산출할 때에는 닫혀 있어야 한다. 모음이나 /l/, /r/과 같은 향자음(sonorant sounds)이 산출될 때 이 통로는 닫혀 있거나 아니면 거의 닫혀 있어야만 한다. 그러나 프랑스어와 같은 특정 언어의 경우에는 그 언어의 특성상(비모음이 산출되는 언어이므로) 모음이 산출되는 동안 인정할 수 있을 만큼의 통로 개방이 관찰된다.

이 연인두문의 개방 및 폐쇄와 관련된 많은 장애가 있다. 구개파열, 지각이 불분명한 정도의 비성을 보여 주는 청각 상실

(hearing loss) 그리고 신경장애와 발달장애 등을 꼽을 수 있다. 불충분한 연인두문의 폐쇄로 인한 음성 산출에서의 결과는 '비성 방출(nasal emission)'이라는 현상으로 규정되는데, 장애음 등과 같이 일정 수준 이상의 구강 내 기압 상승을 요구하는 과정을 제한하거나 방해하는 결과로 나타난다. 모음이나 향자음에서 보이는 스펙트럼상의 교란을 흔히 '비음화'되었다고 부른다 (Baken, 1987). Baken(1987)은 이러한 과정을 겪어서 지각되는 (비음화된) 음질에 대한 전문 용어로 '비음성(요즘은 지각적 관점에서 주로 사용)'이라는 용어를 선호하였다.

연구개의 활동은 시각적으로 쉽게 관찰되지 않는다. 그리고 이 동작과 관련된 자기 수용적(proprioceptive)인 피드백도 거의 없다. 게다가 부적절한 연구개 동작과 관련된 음향 효과는 청각적으로 모니터링하기에 어려움이 있다. 따라서 언어치료 영역에서는 이러한 동작을 좀 더 편리하게 관찰할 수 있는 시스템을 요구하게 되는데, 이러한 시스템은 연구개 동작에 대한 측정과 함께 피드백을 동시에 제공할 수 있을 것이다.

1) 연구개 기능을 측정하는 방법들

말소리 발화 중 연인두문의 폐쇄를 기구를 이용하여 모니터링하는 방법은 Baken(1987)에 의해 광범위하게 다루어졌다. Baken에 의해 기술된 덜 침습적(less invasive)인 방법은 다음과 같은 네 가지 정도의 범주로 요약된다.

첫째, 저주파를 측정하는 방법인데, 주로 비강을 통해 혹은 비강과 구강을 동시에 흐르는 공기의 저주파 영역(극점-영점 모델l에서 영점 주파수)을 통해 측정한다. 그리고 구강 내 압력도 함께 측정한다(Baken, 1987; McLean, et al., 1997). 둘째, 진동을 탐지하는 액셀레로미터를 코 위에 위치시키고 코를 통해 빠져나가는 소리를 측정한다(Baken, 1987). 셋째, 코와 입을 통해 빠져나가는 말소리의 측정은 고체로 된 격막을 윗입술과 코 사이에 위치시킴으로써 비강음과 구강음을 잘 분리시킬 수 있다. 이 격막을 사이에 두고 마이크도 각각 설치된다. 넷째, 방출된 말소리를 음향적으로 분석함으로써 비음화와 관련된 음향 특질을 찾아낸다.

이러한 다양한 방법은 연구개를 조절하는 양상에 따라 두 가지로 나눌 수 있다. 첫째, 구강 내 압력을 요구하는 자음들(예컨대, 정지음이나 마찰음과 같은..)을 내는 동안의 연구개 조절을 측정하는 방법이다. 둘째, 모음과 향자음들을 내는 동안의 연구개 조절을 측정하는 방법이다. 두 번째 종류의 방법, 즉 모음과 향자음의 비음화를 측정하는 것은 좀 더 어려운 방법으로 여겨져 왔다.

앞에 기술한 네 가지 방법 중 세 번째에 해당하는 구강과 비강음의 압력비율 방법은 구강과 비강 사이를 분리시켜 주는 격벽이 정확히 얼굴 특정 지점에 부착되어야 하고, 이와 관련하여 마이크도 그 위치와 방향 등에 정확해야만 측정된 결과를 신뢰할 수 있다. 이러한 방법은 주파수 범위와도 밀접한 관련을 가지고 있는데 이게 문젯거리가 된다. 왜냐하면 비강을 통해 나오는 소리에너지는 저주파 대역의 하모닉에너지로 구성되어 있기 때문에 구강음과 그 스펙트럼 분포에서 차이가 난다. 가장 보편적으로 사용되는 나조미터의 경우 측정 주파수 영역을 300~650Hz, 350~750Hz 사이의 공명주파수 대역(-3dB point)으로 설정한다. 이 주파수의 영역은 경험적으로 설정된 것으로 비강음에 우세한 낮은 하모닉 성분을 잡아내고, 구강음 중 모음과 향자음의 첫 번째 포먼트 에너지도 같이 잡아낼 수 있는 것으로 고려되었다.

2) 비성도의 정의

Fletcher와 Frost(1974)는 말소리 발화 중 비강음의 음향에너지(A_n)와 구강음의 음향에너지(A_o)를 비교하기 위해 '비성도'라는 용어를 고안하였다. A_n과 A_o 사이의 밸런스는 단순한 비율 공식 A_n/A_o로 나타낼 수 있는데 이 공식은 비성비율(nasalance ratio: NR)로 불릴 수 있을 것이다. 또 다른 한 가지 방식은 백분율로 나타내는 것인데 %비성도(%n)로 불린다. 각 측정 방식은 동일한 정보를 보여 주지만 스케일이 다르다. 가장 최근의 비성도 측정 방식은 %비성도 형식으로 보고되고 있다. 오늘날 사용되는 일반화된 비성도 공식은 다음과 같이 표현된다. 즉, 비강에너지와 구강에너지를 합친 양에 대한 비강에너지 양의 백분율(%)로 정의된다(Fletcher & Frost, 1974).

$$nasalance = \frac{nasal_{energy}}{nasal_{energy} + oral_{energy}} \quad \text{〈식 2-1〉}$$

나조미터의 매뉴얼에 따르면 마이크를 코쪽이든 입쪽이든 5cm 떨어진 상태에서 녹음하라고 권하고 있다. 2개의 밴드패스 필터는 각각 4-pole 버터웍스(butterworth) 필터로 된 고대역 통과 필터와 저대역 통과 필터로 되어 있으며, 350~650Hz 사이는 주파수 대역 정점에서 -3dB point 하강 대역에서 필터링이 이루어진다. 따라서 300Hz 미만의 에너지와 750Hz 이상의 에너지는 감폭되는 결과로 나타난다. 따라서 이렇게 감폭된 부분에는 성인 남성의 기본 주파수 영역과 대부분 모음의 제1포먼트 이상의 포먼트 에너지가 포함된다. 이렇게 300~750Hz 영역의 음향신호만 분석 대상으로 삼으므로 나조미터는 제1포먼트 비음도 혹은 F1-비성도로 부르는 부분만을 측정한다고 여기는 것이다. F1-비성도는 특정 모음의 영향을 더 많이 받는 것으로 나타났는데, 이는 2개의 서로 다른 유형의 스펙트럼을 비교하기 때문이다. 즉, 입술로부터 방사된 F1-에너지를 베이스 비음의 저주파 에너지와 비교하는 것이다.

두 번째로 흔히 사용되는 측정 시스템은 Glottal Enterprises의 OroNasal 시스템이 있다. 이 시스템은 기본 주파수 영역에서, 비강기류의 체적 속도 대 구강기류의 체적 속도의 비율을 이용하여 비성도를 측정한다. 그래서 '공기흐름에 기반한 F_0-비성도(flow-derived F_0-nasalance)'라고 부른다. 비강과 구강을 완벽하게 분리하는 마스크 내에 조그만 저항 장치를 설치하여 기류(압력의 하강)를 측정한다. 이 압력파는 비강과 구강으로 나누어진 전방성 마이크를 이용하여 녹음된다. 상대적으로 이 장치는 측정에서 더 신뢰할 만한 결과를 보여 준다.

그러나 그럼에도 불구하고 상업적 영역에서는 음향신호만으로 비성도를 측정하는 것이 보편적이다. 이런 의미에서 상당히 고가의 장비이면서도 갖춰진 옵션은 약한 나조미터보다 상대적으로 저렴하면서 옵션도 풍부하고 나조미터(Kay Pentax)의 기능을 충실히 수행하는 Tiger Electronics Inc.(Seattle, WA, USA)의 NasalView가 더 실속 있는 선택이라 할 수도 있을 것이다. 이 대목에서 일반 마이크로폰을 이용하여 녹음된 데이터로부터 비성이 강한 음성과 그렇지 않은 음성을 음향적으로만(헤드기어가 요구되는 고가의 장비를 이용하지 말고……) 구분해 보고 싶은 욕망이 생기게 된다.

제3장

/아/ 비성도 수준과 청지각 평가

1. 연구개관

공명은 인간의 말소리 특성을 결정짓는 중요한 요소로서 성대에서 생성된 소리가 성도를 통해 이동하는 동안 특정 주파수의 증감으로 나타나는 결과물이다. 성대진동 신호가 성도를 비정상적인 형태로 흘러갈 경우 정상의 공명 패턴을 보이지 않고 과대/과소비음으로 나타나게 된다.

공명장애는 청지각적 판단을 바탕으로 하여 주관적으로 평가하거나 Nasometer™(KAY Elemetrics, LincolnPark, USA) 또는 NasalView®(TigerElectronicsInc, Seattle, USA)와 같은 기기를 이용하여 비성도를 측정하여 평가한다. 비강에너지를 비강에너지와 구강에너지의 합으로 나눈 값에 100을 곱하여 백분율로 나타낸 개념임을 제2장에서 이미 설명하였다. 비성도는 비강에너지와 구강에너지의 영향을 받는다. 즉, 구강에너지가 일정할 때 비강에너지가 커지면 비성도가 높아지며, 비강에너지가 일정할 때 구강에너지가 커지면 비성도는 낮아진다.

KAY 사의 나조미터는 비성도를 실시간으로 보여 준다는 장점 때문에 선호되지만, 장치에서 제공하는 비성도의 규준값이 장비 제작국 언어인 영어에 국한되어 있기 때문에 여러 나라 언어에 적합하지 않다는 단점이 있다. 이 장비를 적용할 수 있는 대표적인 장애군으로 구순구개열 아동을 꼽을 수 있으며 그 외 청각장애 아동, 뇌성마비 아동, 마비말장애 성인 등에게 사용될 수 있다.

정상 성인의 비성도를 연구하기 위해서는 성별, 연령, 지역, 방언, 검사어의 길이 등이 고려되어야 하는데 이때 검사어의 선정에 주의를 기울여야 한다. 미국의 경우, Fairbanks(1960)의 Rainbow Passage, Fletcher(1972)의 Zoo Passage, Nasal Sentences 등이 대표적인데 각각에 포함되어 있는 비음비율은 11.5%, 0%, 36%다(황영진, 2007). 이 데이터를 이용하여 측정한 아동(K-5학년)의 정상평균 비성도는 다음과 같다. Rainbow Passage는 35.69%(±5.20), Zoo Passage는 15.53%(±.86) 그리고 Nasal Sentences는 61.06%(±6.94)였다(Watterson et al., 1993).

국내의 경우, 표준화된 검사 문장이 없어서 검사자의 선호에 따라 여러 종류의 검사 문장을 사용하고 있는 실정이다. 국내에서 사용되는 검사 문장 혹은 문단은 홍기환 등(1994)의 토끼 문단, 아기 문단, 엄마 문단, 최홍식 등(1995)의 아빠 문장, 엄마 문장, 김성일 등(2000)의 바다 문장, 토끼 문단 그리고 황영진(2007)이 이들 검사도구의 길이와 비음비율을 조절하여 만든 19음절 길이의 엄마 문장, 동물원 문장, 아저씨 문장, 바닷가 문장 등을 들 수 있다.

이러한 검사도구를 이용하여 평균 비성도를 측정하고 있는데, 지금까지의 연구에서는 주요한 결함이 존재한다. 즉, 정상 성인 집단으로부터 얻어진 시료에 대한 음향측정만 존재할 뿐,

이들 집단에 대한 진지한 청지각 평가가 결여되어 있다는 것이다. 기계로 측정한 수치가 과대공명과 관련하여 어느 정도의 질적 혹은 양적 등급으로 분류될 것인가 하는 것은 청지각 평가에 의해서 최종적으로 검증되어야 한다(혹은 서로 간의 관련성이 검토되어야 한다).

언어병리학적 측면에서 비성도와 관련된 연구는 크게 두 가지로 나누어진다. 첫째, 두개-안면 환자(cranio-facial patients)를 대상으로 하여 데이터를 수집하고 그 데이터에 대한 청지각 평가와 함께 음향적으로 측정된 비성도(주로 KAY 사의 나조미터로 측정된) 값과의 상관(correlation) 정도를 살피는 것이다. 둘째, 두개-안면 환자의 과다비성을 평가하기 위한 규준값을 많은 수의 정상 화자들을 대상으로 하여 구하는 것이다.

첫 번째 작업과 관련하여서 여러 논문을 통해 믿을 만하다고 평가되어 왔지만, 임상가와 환자들로부터 환영받는 나조미터 측정값이라 하더라도 지각적 평가와 결부되면 그 신뢰도가 흔들릴 수 있다는 점이 많은 연구에서 지적되고 있다(Dalston et al., 1991; Nellis et al., 1992; Watterson et al., 1993). 그 이유로 평가자의 숫자와 관련된 연구자 간 불일치(Dalston & Seaver, 1992; Watterson et al., 1993), 서로 간 평가 스케일의 숫자(number of rating scale)가 다름에 기인하는 점 등을 들고 있다. 예를 들어, 4-points를 사용한 경우(Dalston et al., 1993)도 있고, 7-points를 사용하는 경우(Hardin et al., 1992; Watterson et al., 1998)도 있다. 비음성 평가에서 평가 스케일은 상당히 중요한데 주로 5, 7, 9점 스케일이 많이 사용된다. Watterson 등(1998)은 7점 스케일의 유용함을 제시하고 있다.

점수를 매기는 스케일을 떠나서, 높은 신뢰도로 과다비성의 지각적 평가를 한다는 것 자체가 어려운 일로 여겨진다(Watterson et al., 1993). 이러한 지각적 판단의 어려움이 TONAR(Fletcher, 1970)에 기원을 두고 있는 음향적 비성도 측정 장치, 즉 나조미터가 각광을 받게 된 이유가 될 것이다. 그러나 객관적 수치로 비성도를 제시하는 나조미터도 피험자 내 변이(intra-speaker variation)와 헤드기어 위치의 변화로 인한 가변성이 지적되었으며(Brunnegård & Doorn, 2008; Watterson & Lewis, 2006; Watterson & Blanton, 2008), 나조미터 버전 간(6200, 6400)의 측정값 차이도 보고되어 있다(Watterson et al., 2005; Kummer, 2005).

두 번째 작업은 규준치를 마련하기 위하여 어떠한 기기로 측정을 하며, 어떠한 변수가 고려되어야 하는가 그리고 어떠한 데이터를 이용하여 어떤 대상을 측정할 것인가 하는 점이 관건이다. 하드웨어 장비로는 전통적인 나조미터가 많은 연구자들로부터 호평을 받았기 때문에 대부분 논문의 평가자료가 이 기기를 이용한 경우가 많다. 고려되어야 하는 변수로는 지역(방언 사용과 관련), 성별 그리고 검사어의 선정이다. 검사어의 경우 대표 모음과 몇 개의 단문으로 구성된 문장 혹은 문단 등이 있는데(황영진, 2007) 모음의 경우 종류에 따라 비성도가 다르기 때문에 다양한 모음의 비성도를 측정하여야 한다는 주장이 있다(MacKay & Kummer, 1994). 문장의 경우 고려해야 할 변수는 과다비성 측정을 위하여 비음이 포함되지 않은 검사어를 사용하고, 과소비성 측정을 위하여 비음이 많이 포함되어 있는 검사어를 사용한다는 것이다.

미국의 경우 앞에서 언급한 Rainbow Passage와 Zoo Passage 그리고 Nasal Sentences가 사용되고 있으며, 여러 학자들에 의해 조사된 규준값이 알려져 있다. 과다비성을 측정하는 용도인 Zoo Passage에 의해 조사된 값은 학자들 간 약간의 이견은 있으나, 대략 15~16% 사이에 존재하고 있다(Fletcher et al., 1989; Seaver et al., 1991). 일본 의사 타치무라가 Zoo Passsage를 원용하여 만든 딱따구리 문장으로 정상 성인들을 조사한 결과 약 9.5% 정도의 비성도를 보고하고 있으며, 남녀 간 차이는 없다고 하였다. Rochet 등(1998)은 정상의 서부 캐나다 성인을 대상으로 Rainbow Passage, Zoo Passage 그리고 Nasal Sentences를 녹음한 결과 Rainbow Passage에서만 남녀 간 차이가 나타났다는 보고를 하고 있으며, Zoo Passage에서의 비성도로 대략 10.5% 정도의 수치를 제시하고 있다.

한국어의 경우 정상 성인을 대상으로 한 성별 간 비성도가 보고되어 있는데(김민정 등, 2000), 각기 다른 검사 문단과 기기를 사용하기는 하였으나, 비음이 전혀 포함되지 않은 문단의 경우 24~27% 정도의 비성도를 보고하고 있다(홍기환 등, 1994; 최홍식 등, 1995; 김성일 등, 2000; 황영진, 2007). 이 연구에서 시도하는 /아/ 연장 발성(sustained phonation)과 관련하여 강수균(2003)과 황영진(2007)이 규준값을 제시하고 있다. 강수균(2003)은 1학년에서 3학년까지의 정상 초등학생을 대상으로 나조미터를 이용하여 조사한 결과를 보여 주고 있고, 황영진(2007)은 정상 성인을 대상으로 하여 NasalView로 조사한 결과를 제공하고 있다. 두 연구 모두 앞에서 언급한 것처럼 청지각 평가 없이 기질적 문제가 없다는 스크리닝만으로 진행한 연구라는 단점을 안고 있다.

언급한 국내외 연구동향을 통하여, 비성의 규준값을 규정하려는 노력은 대표 모음 세 가지 혹은 다섯 가지, 비음이 포함되지 않은 짧은 문단, 비음이 적당히 포함된 짧은 문단 그리고 비음이 많이 포함된 문단 등을 통해서 이루어져 왔음을 알 수 있다. 이 연구에서는 /아/ 연장 발성만을 이용하여 이러한 결과에 도달하려고 한다. /아/ 연장 발성을 이용하는 가장 중요한 이유는 모음 하나만을 이용함으로써 임상현장에서의 스크리닝이 손쉽고, 빠른 시간 안에 일을 처리할 수 있다는 장점이 있기 때문이다. 즉, 청지각 평가의 간편성과 더불어 모음 하나만으로 합성시료를 만드는 작업이 훨씬 용이하다는 데 있다.

이에 이 연구는 우선 신체적으로 문제가 없는 20대 이상 성인을 대상으로 얻은 한국어 단모음에 대하여 청지각적 평가를 먼저 실시하려 한다. 이 평가 결과를 바탕으로 정상군과 비정상군(비성이 있다고 지각된) 시료로 분류한 다음(1차 실험), 정상군과 비정상군의 경계에 위치하는 시료를 골라서 비성도를 체계적으로 증감한 자료를 만들 것이다. 이를 이용하여 다시 (비성의 정도를 평가하는) 청지각 평가를 실시한 뒤 그 결과를 바탕으로 규준값이 될 수 있는 비성도 값을 선정하고자 한다. 규준값은 민감도(sensitivity)와 특이도(specificity), ROC(receiver operation characteristic) 곡선의 AUC(area under curve) 평가를 동반하여 실제 임상에서 어느 정도의 가치가 있는가 하는 부분까지 언급될 것이다. 연구 목적을 정리하면 다음과 같다.

① 정상 한국인을 대상으로 하여 표준적인 비성도 점수를 살펴보고 그와 관련된 비성도 값을 기술한다.
② 비성도를 체계적으로 혹은 인공적으로 변화시킨 시료를 통하여 비성도를 구간 등급화할 수 있는 청지각적 임계값을 살펴본다.
③ 비음의 청지각 평가와 비성도 점수 간의 상관관계를 살펴본다.
④ 임상에서 적용할 수 있는 한국어 비음 척도를 구축한다.

지각과 관련된 일련의 연구들을 살펴보면 비성도와 비음성 사이의 관계에 대한 고찰이 많다. 그러나 연구에 따라서는 그 관련성이 그다지 명확하지 않다. 이 연구는 이러한 계열에 속해 있지 않다. 정상인이 발성한 자료를 바탕으로 비성도가 어느 정도 되어야 비음성을 느끼며, 어느 정도 되어야 과소비성을 느끼는가 하는 (지각적) 비음성의 임계값을 합성시료를 통하여 알아보고자 하는 시도다.

2. 실험방법

1) 피험자

/아/ 모음 연장 발성 시료 채집을 위하여 참가한 피험자는 충남대학교 언어학과의 학부와 대학원에 재학 중인 혹은 대학원 언어병리학과에 재학 중인 20세 이상의 남성 20명, 여성 20명으로 구성되었다. 남성의 평균 연령은 23.05(±6.5)세, 여성의 평균 연령은 27.15(±2.77)세였다. 녹음에 앞서 피험자들이 두개-안면 기형이나 연인두 기능 부전, 편도 절제술, 아데노이드 절제술 등의 병력이나 수술력이 없으며 감기, 비염 등 비성도에 영향을 주는 요인이 없는지 점검하였다. 그리고 조금이라도 영향이 있다고 판단되는 경우는 제외하였다.

2) 지각실험용 시료

실험용 자료는 한국어 단모음 중 모음 사각도에서 구석 모음에 속하는 /이, 에, 아, 우, 오/ 발성과 함께 비음이 포함된 몇 가지 자료(아마, 아나, 앙아 등)를 포함하여 구성하였다. 실험의 목적이 /아/ 모음 연장 발성을 대상으로 하는 것이므로 녹음된 자료 중 /아/ 연장 발성만 선택하였다. 모든 시료는 피험자당 3회를 녹음하였으며, 이 중 가장 자연스럽게 녹음된 1회 발성을 선택하여 1차 지각실험(perception experiment)에 사용하였다.

녹음은 충남대학교 언어학과 음성음향실험실의 방음 공간에서 이루어졌으며, Nasometer™ II 모델 6400(Kay Elemetrics, USA)을 이용하였다. 나조미터는 보정(calibration)작업이 매우 중요하므로 매회 녹음작업에 앞서 보정을 충실하게 매뉴얼대로 이행하였다. 매뉴얼에 의하면 코와 입을 막는 격판(separation plate)은 90도에서 위쪽이나 아래쪽 어느 쪽이든 15도 이상 기울어지게 되면 부정확한 녹음이 된다고 한다. 따라서 격판의 각도를 항상 90도가 되게끔 유지하고 녹음하였다(격판은 각 채널에 대해 25dB을 차단하는 효과가 있다). 실험에 사용된 나조미터는 데스크톱 컴퓨터(Intel® Core™ II Quad CPU Q6600 @ 2.40GHz, 2.00GB RAM: windows XP, Samsung)에 연결되어 작동되었다. 녹음된 파일(default sampling rate of Nasometer: 11,025Hz)은 하드디스크에 저장되었다.

3) 비성도 계산

비성도(%)는 1차적으로 나조미터에서 기본적으로 제공해 주는 값으로 측정하였다. 다만 이후 기술하는 Praat 비성도(* Praat을 이용하여 측정된 비성도: nasalancePraat)와 동일 조건을 형성하기 위하여 /아/ 모음의 중앙부 안정 구간 350ms 부분을 입력하여 측정하였다. 합성된 시료를 이용하는 2차 지각실험을 위하여 공개 소프트웨어인 Praat을 이용하여 비성도를 나조미터와는 다른 방식으로 측정하였다. 나조미터는 300~750Hz(500Hz 중심 주파수) 영역의 스펙트럴 에너지만 계산하는 데 반해, Praat 비성도는 나이퀴스트 영역(0~5512.5Hz) 전체를 대상으로 에너지 값을 구하여 계산하였다.

나조미터를 거쳐서 만들어진 파일은 2개 채널을 이용한 스테레오 녹음이 되어 있는 상태이므로 좌(nasal), 우(oral) 2개 채널 각각의 에너지를 구하여 비성도 공식을 적용하면 Praat을 이용한 비성도 계산이 완료된다. 물론 나조미터 비성도 계산에 사용된 350ms 안정 구간만을 대상으로 에너지 값을 측정하게 된다.

3. Praat 비성도와 나조미터 비성도

t-검정(혹은 비모수의 윌콕슨 순위합)과 같은 추리검정의 평균 비교(혹은 순위 비교)를 이용하고, 두 측정변수의 상관관계를 살펴봄으로써 Praat 비성도가 나조미터 비성도(nasalanceKAY)와 마찬가지로 기능할 수 있는 비성도 측정값임을 살펴보고자 한다. 사용한 통계 프로그램은 R이다. 실질적 유용성 제고를 위해 R 명령어와 함께 제시하겠다.

먼저 박스 플롯을 찍어 보면 Praat 비성도의 경우는 [그림 3-1]의 왼쪽과 같고, 나조미터 비성도는 [그림 3-1]의 오른쪽과

```
> boxplot(nasalance~nasality, data=nasal, col='red')
```

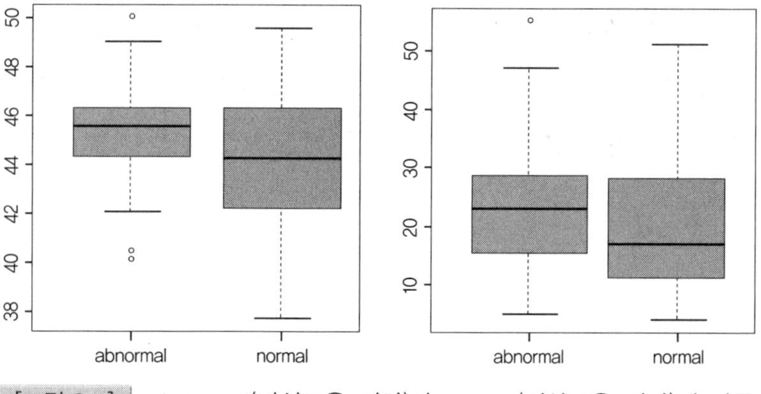

[그림 3-1] abnormal(비성모음 지각)과 normal(정상모음 지각)에 따른 Praat 비성도 점수(왼쪽) 그리고 나조미터 비성도 점수(오른쪽)

같은 분포를 보인다. 비성도 측정값과 관련된 두 종속 변수가 지각적으로 분류된 1, 2 집단(정상모음 지각 vs. 비성모음 지각)의 평균값에서 차이가 있는지 t-검정을 하려고 한다. 검정의 조건은 등분산 가설과 정규성 가설이니 이 두 가지 검정을 R을 이용하여 해 보면 다음과 같은 과정과 결과를 보여 준다. 먼저 샤피로-윌크(Shapiro-Wilk) 정규성 검정을 해 보도록 한다.

두 표본 t-검정에서 샤피로-윌크 정규성 검정을 수행할 경우 중요한 포인트는 변수 자체를 함수에 입력하는 것이 아니고, 관찰값에서 각 집단의 평균을 뺀 결과인 잔차(residual)를 shapiro.test()에 입력하여야 한다. t-검정 함수인 t.test()는 잔차의 결과물을 제공하지 않기 때문에 회귀분석 함수인 lm()의 결과물을 따로 변수 할당하여 처리하여야 한다(안재형, 2011). 다음에 그 과정을 기술한다.

데이터 nasal.csv는 비음성 변수에 정상군과 비정상군의 두 가지 지각 결과가 기록되어 있고, 비성도 컬럼에 Praat을 이용하여 측정한 Praat 비성도, 나조미터 컬럼에 나조미터를 이용하여 측정한 나조미터 비성도가 기록되어 있다.[1] 이 데이터를 R 컨솔에 불러온다.

---

1) 상응한 SPSS에서는 normal=1(정상모음 지각), abnormal=2(비성모음 지각)로 코딩된다.

일단 작업 폴더를 다음과 같이 고정하고,

```
〉 setwd("F:/nasal_acoustic/manauLike_1_11")
```

이어서 데이터를 불러온다.

```
〉 nasal=read.csv("nasalanceNasometer_3_24.csv")
```

잔차를 변수 tt로 지정하고 샤피로-윌크 정규성 검정을 시행하면,

```
〉 tt=lm(nasalance~nasality, data=nasal)
〉 shapiro.test(resid(tt))
```

다음과 같은 결과가 출력된다.

```
Shapiro-Wilk normality test
data: resid(tt)
W=0.9847, p-value=0.1966
```
[2]

2) 밑줄은 필자가 첨가

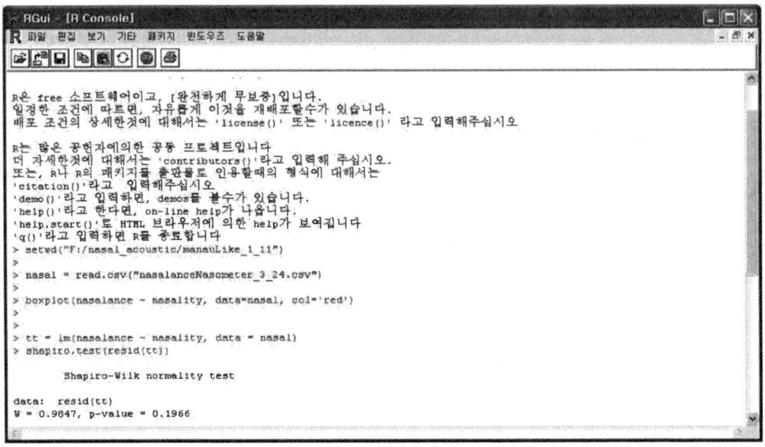

[그림 3-2] R-컨솔 화면, 본문 설명은 샤피로-윌크 정규성 검정을 보여 준다.

p=0.1966으로 정규성 가설을 기각하지 못하니 Praat 비성도 변수의 측정값들은 정규 분포를 하고 있음이 검정되었다.[3] 같은 방식으로 나조미터 비성도 변수의 측정값들을 정규 검정한 결과는 다음과 같다.

```
> yy=lm(nasometer~nasality, data=nasal)
> shapiro.test(resid(yy))
Shapiro-Wilk normality test
data: resid(yy)
W=0.9564, p-value=0.0007029
```

[3] p<.05 라면 정규성 가설을 위배한다는 결론을 얻게 된다.

확률값(p)을 보면 나조미터 비성도의 변수는 정규성 가설을 기각하는 것으로 나타났으므로 모수 검정인 t-검정을 할 수 없고, 이에 상응하는 비모수 검정인 윌콕슨 순위합(Wilcoxon Rank-Sum) 검정을 하여야 한다. 그러나 데이터 수가 30개를 넘을 경우는 중심극한정리에 의하여 변수의 분포가 근사(≒) 정규분포를 하고 있다는 가설을 세우는 것이 통례이므로 샤피로-윌크 정규성 검정 결과에 상관없이 Praat 비성도, 나조미터 비성도 모두 t-검정을 실시하기로 한다.

t-검정의 시행을 위한 두 번째 관문인 등분산 검정을 실시해 보면 Praat 비성도 변수의 경우, 다음과 같은 결과가 나온다.

```
> var.test(nasalance~nasality, data=nasal)
      F test to compare two variances
  data:  nasalance by nasality
  F=0.4558, num df=58, denom df=59, p-value=0.003173
  alternative hypothesis: true ratio of variances is not equal
  to 1
  95 percent confidence interval:
   0.2718278 0.7653079
  sample estimates:
  ratio of variances
           0.4558414
```

등분산성 가설을 기각하므로 Welch의 t-검정을 시행해야 하는 경우로 넘어가게 된다.

[F(df1=58, df2=59)=0.4558, p〈.01].

```
> t.test(nasalance~nasality, data=nasal)
        Welch Two Sample t-test
  data: nasalance by nasality
  t=2.8103, df=103.709, p-value=0.005918
  alternative hypothesis: true difference in means is not equal to 0
  95 percent confidence interval:
   0.3774199 2.1870716
  sample estimates:
  mean in group abnormal, mean in group normal
            45.43475(±1.972)    44.15250(±2.921)[4)]
```

확률값이 0.01보다 작게 나왔으므로 두 집단의 평균이 동일하다는 귀무가설을 기각한다. 즉, 두 집단 간 평균의 차이가 있다는 결론을 얻는다[t(103.709)=2.8103, p〈.01].

4) 표준편차는 필자가 첨가. R 결과물에는 평균값만 출력되고 표준편차, 표준오차 등은 보여 주지 않는다.

나조미터 비성도 변수의 등분산 검정을 시행한 결과 다음과 같은 결과를 얻었다.

```
> var.test(nasometer~nasality, data=nasal)
      F test to compare two variances
  data: nasometer by nasality
  F=0.873, num df=58, denom df=59, p-value=0.6058
  alternative hypothesis: true ratio of variances is not equal
  to 1
  95 percent confidence interval:
   0.5205891 1.4656738
  sample estimates:
  ratio of variances
          0.8730014
```

등분산성 가설이 유지되므로 독립표본 t-검정을 실시할 수 있다[F(df1=58, df2=59)=0.873, p=.06058]. t-검정을 실시한 결과, 다음과 같은 결과를 출력한다.

```
> t.test(nasometer~nasality, var.equal=TRUE, data=nasal)
      Two Sample t-test
  data: nasometer by nasality
```

t=1.9085, df=117, p-value=0.05878

alternative hypothesis: true difference in means is not equal to 0

95 percent confidence interval:

-0.1479112 7.9953689

sample estimates:

mean in group abnormal, mean in group normal

23.42373 19.50000

정상모음 지각과 비성모음 지각 집단 사이에 alpha=.05 수준에서는 평균 차이가 없고, alpha=.1(90%) 수준에서는 차이가 있음을 보여 준다[t(117)=1.9085, p=.05878].

지금까지의 과정을 통하여 Praat 비성도가 나조미터 비성도와 마찬가지로 기능할 수 있는 비성도 측정값임을 알게 되었다. 오히려 Praat 비성도가 t-검정 결과에서는 더 강력할 수 있음도 말해 주는 결과다. 이번에는 두 변수의 상관관계를 살펴봄으로써 Praat 비성도가 나조미터 비성도를 대체할 수 있을 정도의 위상을 가질 수 있을지 알아보겠다. 이렇게 하는 이유는, 이 실험에서 나조미터 비성도의 대체 음향변수들을 다룸에 있어 분석의 최소 단위인 프레임 단위로 측정을 할 계획이기 때문이다. 나조미터로는 프레임 단위로 쪼개서 비성도를 측정할 수 없고, Praat은 프레임 단위 측정이 가능하므로 Praat 비성도와 프레임 단위로 측정된 다른 음향변수들의 능력(혹은 가치)이 비교될 수 있다. 모든 대체 음향변수가 주파수 영역의 스펙트럼에서 측정되므로 비성도 역시 프레임 단위로 설정을 하여 측정해야 정확한 값을 얻을 수 있다(30ms Gaussian window, 15ms time step, num. of frame=5).

이 실험에서, 대략 5개 정도 음향변수의 기능성이 헤드기어를 이용하여 측정된 비성도 값과 비교해 볼 때 어떤 가치가 있을 것인지 논의될 텐데, 그때 비교 대상이 되는 변수는 Praat 비성도가 된다. Praat 비성도와 나조미터 비성도의 상관관계 결과는 다음과 같다.

```
> with(nasal, cor.test(nasalance, nasometer))
        Pearson's product-moment correlation
  data: nasalance and nasometer
  t=25.2476, df=117, p-value<2.2e-16
  alternative hypothesis: true correlation is not equal to 0
  95 percent confidence interval:
   0.8857466 0.9431457
  sample estimates:
      cor
  0.9191945
```

상관계수가 상당히 높게 나오므로, 결론적으로 Praat 비성도는 나조미터 비성도를 대체하여 사용하여도 무방하다고 결론을 내릴 수 있다[r=0.92, p〈.01]. 상관관계 분석에서의 p-value는 자유도가 n-2인 t-분포를 이용하여 계산된다. 그래서 t 통계량을 보여 주는 것이다.

회귀방정식을 구해 보면 다음과 같다.

```
〉 out=lm(nasometer~nasalance, data=nasal)
〉 summary(out)
  Call:
  lm(formula=nasometer~nasalance, data=nasal)
  Residuals:
       Min       1Q      Median      3Q       Max
  -14.9509  -3.1605  -0.9576   3.0091  12.2398
  Coefficients:
              Estimate Std. Error t value Pr(〉|t|)
  (Intercept) -160.3326    7.2115  -22.23   〈2e-16 ***
  nasalance      4.0586    0.1608   25.25   〈2e-16 ***
  ---
  Signif. codes: 0 '***' 0.001 '**' 0.01 '*' 0.05 '.' 0.1 ' ' 1
  Residual standard error: 4.484 on 117 degrees of freedom
```

Multiple R-squared: 0.8449, Adjusted R-squared: 0.8436

F-statistic: 637.4 on 1 and 117 DF, p-value: <2.2e-16

결과를 통하여 R^2=0.8449, R^2a=0.8436임을 알 수 있고, 회귀방정식은 다음 〈식 3-1〉과 같이 정리할 수 있다[$F(1, 117)=637.4$, $p<2.2\times10^{-16}$].

$$nasalanceKAY=(4.0586 \cdot nasalancePraat)-160.3326 \quad \langle 식\ 3\text{-}1\rangle$$

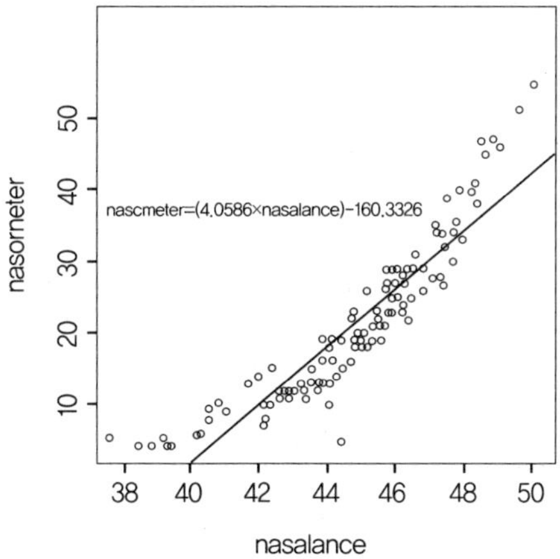

[그림 3-3] 독립변수 Praat 비성도에 대한 종속변수 나조미터 비성도의 선형회귀 추세선

앞의 내용을 이용하여 그림을 그려 보면 [그림 3-3]과 같다.

```
> plot(nasometer~nasalance, data=nasal, col="blue")
> abline(out, col="red")
```

4. 청지각 평가

1) 1차 지각실험 참가자 및 실험방법

기질적 장애가 없고 현재의 건강 상태가 양호한 정상인이 조음한 /아/ 연장 발화의 비성도를 청지각적으로 평가하기 위하여 충남대학교 대학원 언어병리학과에 재학 중이거나 졸업한 35명의 언어치료사가 1차 지각실험에 참가하였다. 5~10명 정도로 집단을 만들어 별도의 세션을 구성한 다음 헤드셋 없이 스피커(JBL ProIII, power range up to 100 watts, impedance 4 ohms, crossover freq. 3000Hz, USA)로 /아/ 연장 발화를 들려 준 후 남녀 각각 20개의 자료에 대해서 비음성을 6단계[0~5]로 평가하게 하였다. 6단계로 평가된 자료는 추후 [0~2]까지는 정상모음 지각(1로 표시)으로 [3~5]까지는 비성이 느껴지는 비성모음 지각(2로 표시)으로 다시 재분류되었다. 스피커는 외장 사운드 카드(SoundBlaster SB 0490, USA)에 연결하여 랩톱(windows XP, HP 530)으로 제어되었다.

2) 평정자 내 일치도 VS. 평정자 간 일치도

평정자 내 일치도(intrarater agreement)를 구하기 위하여 20개의 자료 중에서 다시 5개의 자료를 뽑아 내어 이를 원자료에 더해 총 25개의 자료를 평가하도록 하였다. 즉, 5쌍의 동일한 자료가 25개의 자료 속에 존재하는 셈이다. 35명의 전문가 중 평정자 내 일치도가 높은 평정자를 고르기 위하여 Gwet(2008)의 AgreeStat 프로그램의 AC_1(Agreement Coefficient1)을 사용하였다.[5)]

〈표 3-1〉은 남성 데이터에 대한 평정자 내 일치도를 35명 평가자에 대하여 AC_1으로 계산한 후 상위 20명을 추린 결과다. 계산 결과는 -1에서 +1 사이의 값으로 나타난다. 〈표 3-1〉의 첫 번째 열은 지각실험에 참가한 평정자들의 고유번호다(listener로 표시된 열).

이렇게 선발된 20명의 평가 결과를 대상으로 평정자 간 일치도(interrater agreement)를 다시 구하였다. 이 평정자 간 일치도를 구하기 위해서 [0~5]까지의 6단계 스케일 평정을 [0~2]까지는 [1]로 [3~5]까지는 [2]로 재부호화(recoding)하여 두 가지 값으로 코드 변경한 뒤 AgreeStat에 입력하였다. 2개의 집단으로 코드 변경한 이유는, 지각실험의 목적이 정상모음 지각과 비성

5) p. 67 쉬어가기 참고.

〈표 3-1〉 남성 데이터에 대한 평정자 내 일치도 순위(상위 20명의 AC_1 결과)

listener	value	standard error	listener	value	standard error
5	1	0	35	0.68	0.3436389
7	1	0	16	0.68	0.3436389
3	0.7560976	0.2607194	15	0.6551725	0.3398301
6	0.7560976	0.2607194	24	0.6444445	0.3309806
4	0.7402598	0.2446292	11	0.6	0.3577709
8	0.7260274	0.2675795	31	0.5294118	0.4330654
26	0.6862745	0.3249676	2	0.4915255	0.2967094
21	0.68	0.3436389	13	0.4117647	0.4359038
23	0.68	0.3436389	18	0.2888889	0.3727005
33	0.68	0.3436389	22	0.2727273	0.3666293

모음 지각을 구분하는 것이고, 35명 중 선별된 평정자가 20명으로 적은 숫자가 아님에 기인한다.

Gwet의 AC_1으로 구해 본 결과 AC_1 값이 0.897(standard error: 0.032)로 나타나 평정자 간 일치도가 상당히 높음을 알 수 있다. 각 시료당 20명 평정자가 0에서 5 사이의 점수로 지각한 비율을 백분율로 계산하고 1[0~2]과 2[3~5] 집단으로 나누었다. 〈표 3-2〉는 20개 시료에 대한 평가 결과와 백분율을 보여 준다.

AC_1 값에 기초하여, [1~2] 이분(binary) 판단체계에서 20명 모두 [1]로 평가한 시료 9개(4, 6, 7, 8, 9, 13, 18, 19, 20)와 [0~5] 6단계 평가체계에서 상대적으로 [0]을 가장 높은 비율로 평가한 시료 10을 포함한 10개의 시료를 정상모음 지각으로 분류할 수 있다. 그 나머지를 (비록 신체적으로 정상인 사람이 발성, 조음한 모음이었다 하더라도) 지각적 관점에서 비성이 상대적으로 더

〈표 3-2〉 남성 데이터(연장발성[a]) 20개에 대하여 20명 평정자가 지각한 결과. [0~5] 6단계 점수가 1[0~2]과 2[3~5] 집단으로 정리가 되었으며(첫째 열: judge), 0~5로 지각한 세부 결과를 백분율(%)로 정리하였다(괄호 속 숫자가 백분율).

	token_sustained /a/_ count(%)									
judge	1	2	3	4	5	6	7	8	9	10
1	1(45) 2(20)	0(20) 1(35) 2(35)	0(10) 1(25) 2(20)	0(45) 1(40) 2(15)	0(50) 1(30) 2(15)	0(60) 1(35) 2(5)	0(80) 1(15) 2(5)	0(75) 1(20) 2(5)	0(50) 1(30) 2(20)	0(65) 1(20) 2(10)
2	3(15) 4(10) 5(10)	3(5) 5(5)	3(45)		4(5)					3(5)
judge	11	12	13	14	15	16	17	18	19	20
1	0(40) 1(30) 2(20)	0(45) 1(15) 2(35)	0(75) 1(15) 2(10)	0(35) 135) 2(20)	0(55) 1(15) 2(25)	0(45) 1(35) 2(15)	0(45) 1(30) 2(20)	0(50) 1(30) 2(20)	0(65) 1(35)	0(70) 1(25) 2(5)
2	3(5) 4((5)	3(5)		3(5) 4(5)	4(5)	3(5)	3(5)			

느껴지는 모음으로 분류할 수 있다. 〈표 3-3〉은 여성 데이터에 대한 평정자 내 일치도를 35명 평가자 전부에 대하여 AC_1으로 계산한 뒤 상위 20명의 자료를 추린 결과다.

〈표 3-3〉 여성 데이터에 대한 평정자 내 일치도 순위(상위 20명의 AC_1 결과)

listener	value	standard error	listener	value	standard error
5	1	0	31	0.655172	0.33983
7	1	0	33	0.655172	0.33983
3	0.756098	0.260719	11	0.6	0.357771
6	0.756098	0.260719	2	0.491525	0.296709
16	0.756098	0.260719	26	0.48052	0.344845
4	0.74026	0.244629	24	0.478261	0.302493
21	0.74026	0.244629	13	0.411765	0.435904
23	0.74026	0.244629	35	0.411765	0.435904
8	0.726027	0.26758	28	0.217391	0.298555
15	0.655172	0.33983	18	0.15493	0.323372

이렇게 선발된 20명의 평가 결과를 대상으로 평정자 간 일치도를 다시 구하였다. Gwet의 AC_1이 0.949(standard error: 0.016)로 나타나 평정자 간 일치도가 상당히 높음을 알 수 있다. 각 시료당 20명 평정자가 [1]로 지각한 비율과 [2]로 지각한 결과를 정리하였다(〈표 3-4〉).

〈표 3-4〉 여성 데이터(연장발성[a]) 20개에 대하여 20명 평정자가 지각한 결과. [0~5] 6단계 점수가 1[0~2]과 2[3~5] 집단으로 정리가 되었으며 0~5로 지각한 세부 결과를 백분율(%)로 정리하였다.

	token_sustained /a/_ score(%)									
judge	1	2	3	4	5	6	7	8	9	10
1	0(60) 1(20) 2(15)	0(60) 1(25) 2(15)	0(50) 1(45)	0(45) 1(50) 2(5)	0(60) 1(30) 2(10)	0(50) 1(40) 2(5)	0(60) 1(25) 2(10)	0(55) 1(20) 2(20)	0(70) 1(25) 2(5)	0(60) 1(20) 2(20)
2	4(5)		3(5)			3(5)	3(5)	3(5)		
judge	11	12	13	14	15	16	17	18	19	20
1	0(25) 1(55) 2(10)	0(55) 1(30) 2(15)	0(25) 1(30) 2(35)	0(55) 1(40) 2(5)	0(35) 1(50) 2(15)	0(55) 1(15) 2(30)	0(50) 1(25) 2(20)	0(60) 1(20) 2(20)	0(50) 1(30) 2(20)	0(50) 1(40) 2(10)
2	3(10)		3(10)							

〈표 3-4〉의 결과를 이용하여 상대적으로 비성도가 강한 집단과 약한 집단을 각각 10개의 시료로 선정하였다. [1~2] 두 집단으로 구분한 이분 기준에서 2 집단으로 청지각 결과가 분포된 토큰을 비성도가 강한 집단으로 먼저 선정한 뒤(총 8개: 1, 3, 6, 7, 8, 11, 13, 17), 나머지 2개 토큰은 1 집단(0~2)의 상위 점수인 [2]를 상대적으로 많이 선택한 시료(18, 19)로 결정하였다.

쉬어가기

Gwet의 AgreeStat을 이용한 일치도 평가법 매뉴얼

(http://agreestat.com/index.html에서 다운로드 받을 수 있음)

(1) Gwet의 AC_1을 구할 경우, 2-rater 평정 시 작업 수행 순서

먼저 작업할 엑셀 파일을 열고, AgreeStat을 [read]를 이용하여 연다. 작업화면을 실행(execute)하고 2-rater를 선택한다. 두 번째 옵션인 2-columns을 선택한다.

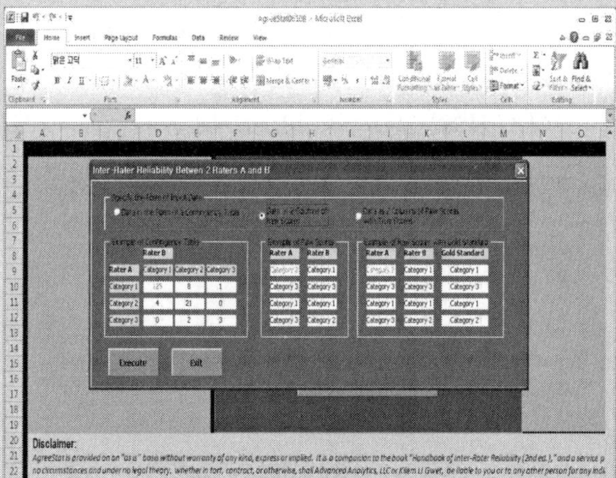

[그림 3-4] AgreeStat, 2-rater, 2-columns 선택

실행을 누른다. [그림 3-5]와 같이 workbook(1)의 오른쪽 아래 방향 화살표를 누르면 작업할 대상 엑셀 파일이 나타난다.

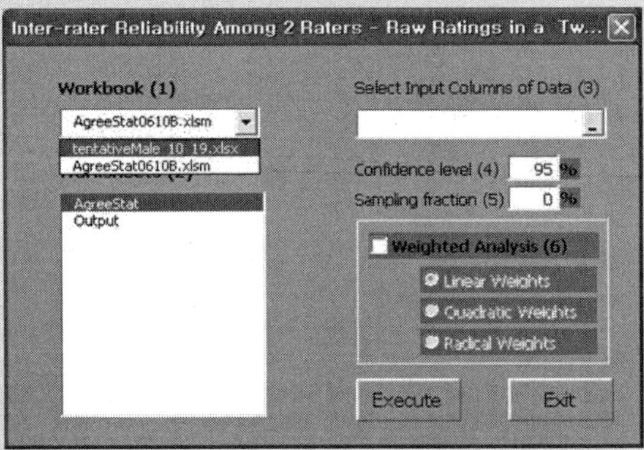

[그림 3-5] AgreeStat, workbook(1), 파일 선택

그 다음 [그림3-5]의 오른쪽 [select input columns of data(3)]로 가서 오른쪽 버튼을 누른다.

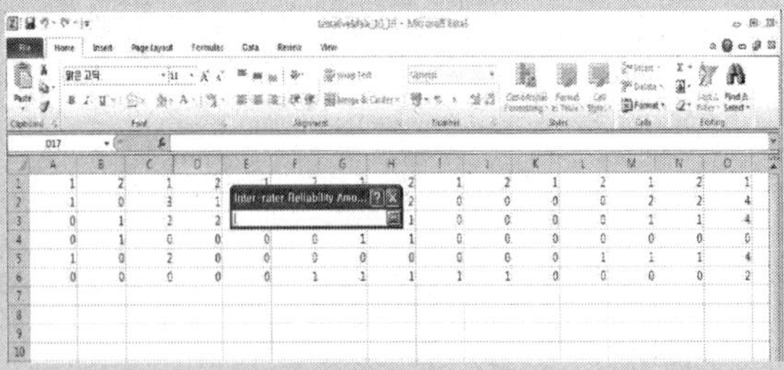

[그림 3-6] AgreeStat, [select input columns of data(3)] 클릭 결과

[그림 3-6]과 같이 2-rater의 입력 row_column matrix의 좌표 범위를 지정하라는 대화상자가 뜬다. 엑셀에서처럼 범위를 마우스로 드래그하여 정해 주면 좌표 범위가 대화상자 속에 지정된다[그림 3-7].

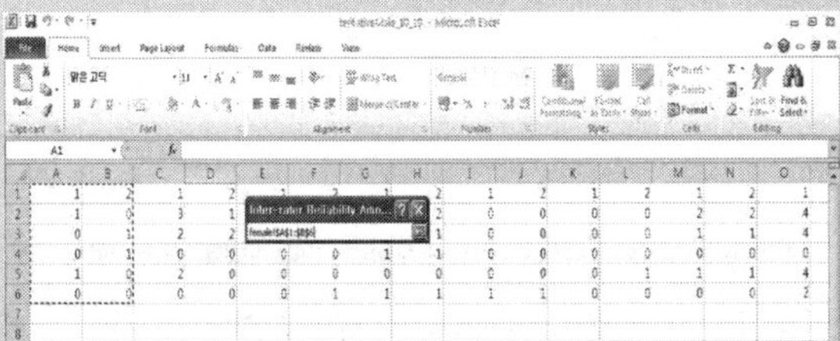

[그림 3-7] AgreeStat, row_column matrix의 좌표 범위 지정

그리고 다시 대화상자의 오른쪽 버튼을 누르면 AgreeStat으로 복귀된다.

weighted analysis를 선택하고 실행을 누르면 [그림 3-8]과

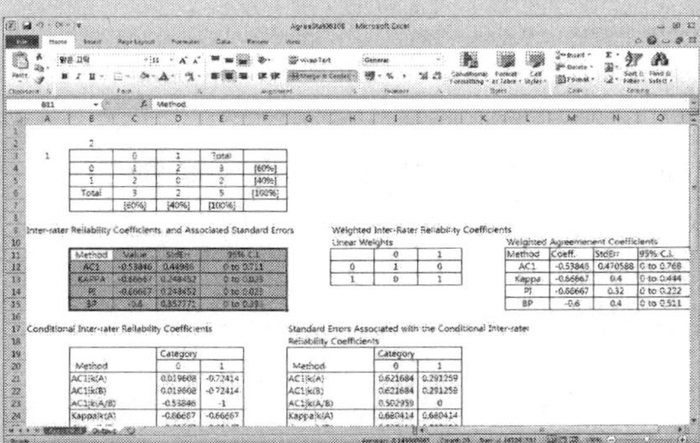

[그림 3-8] AgreeStat, 결과 출력

같이 AC_1의 값이 value, standard error의 값과 함께 계산되어 나온다.

다음 작업(그다음 2개의 컬럼 동시선택)을 위하여 엑셀의 화면 왼쪽 하단 붉은색 AgreeStat을 클릭하면 최초 화면으로 돌아온다([그림 3-9]).

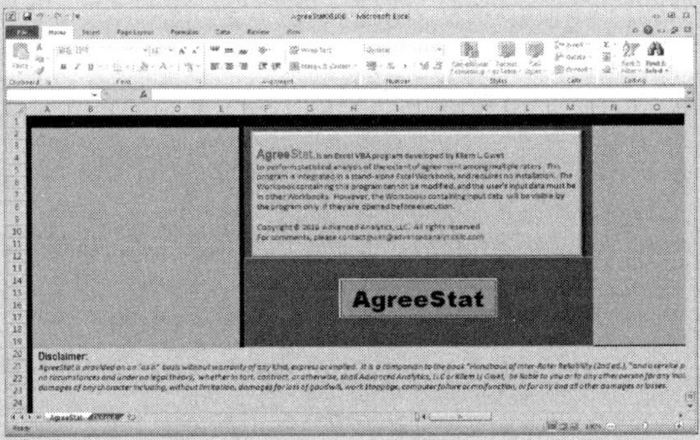

[그림 3-9] AgreeStat 최초 화면 복귀

다시 앞과 같은 작업을 반복하면 된다.

(2) 3-rater 이상의 평정자 간 일치도를 구할 때

분석에 사용될 엑셀 데이터를 불러온 다음 AgreeStat 6010을 구동한다. 실행을 누른다[그림 3-10].

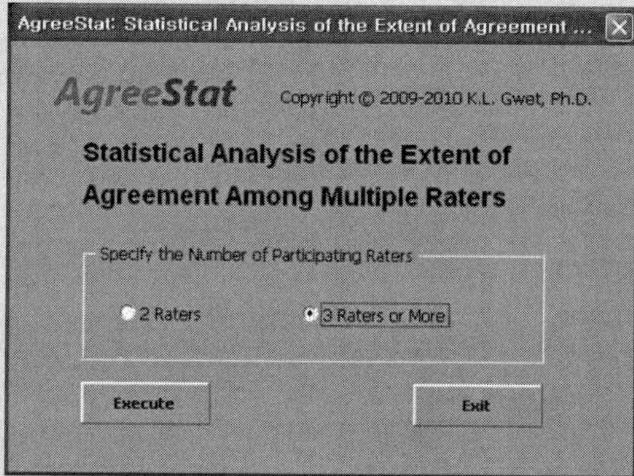

[그림 3-10] AgreeStat, '3 raters or more(평정자 간 일치도)' 선택

워크북의 정보가 기록되는 빈칸[workbook(1)]에 엑셀 파일 이름이 적혀 있다[그림 3-11].

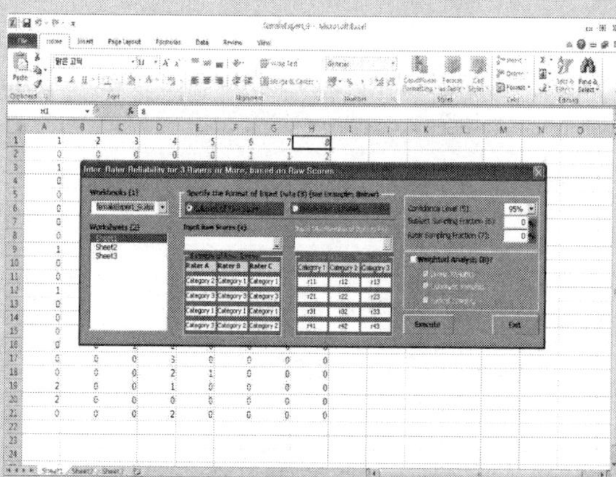

[그림 3-11] workbook(1), 파일이름 클릭

[input rater score(4)] 라고 써 있는 곳의 오른쪽 버튼을 클릭한 다음 분석하고자 하는 엑셀의 행과 열 범위를 지정해 준다([그림 3-12]).

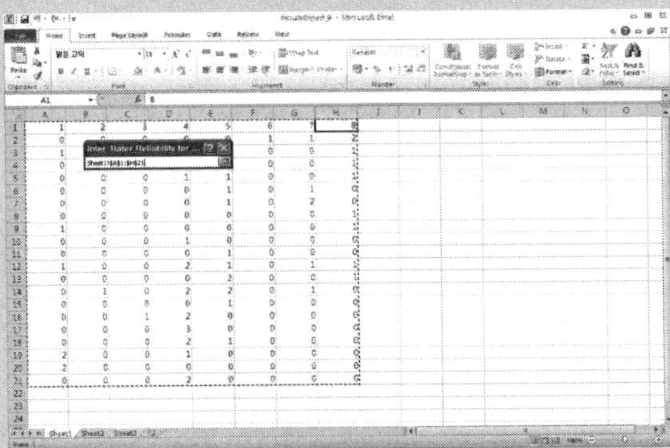

[그림 3-12] [Input rater score(4)] 클릭, 분석 범위 지정

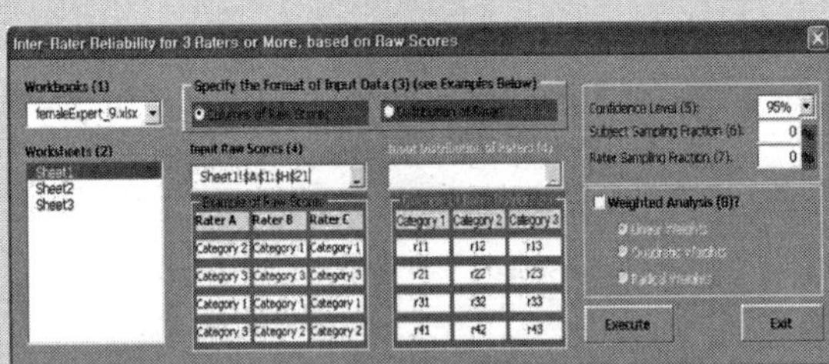

[그림 3-13] [weighted analysis(8)]에 체크

[weighted analysis(8)]에 체크 표시하고 [그림 3-13] 마지막으로 실행을 누르면 결과가 출력된다([그림 3-14]).

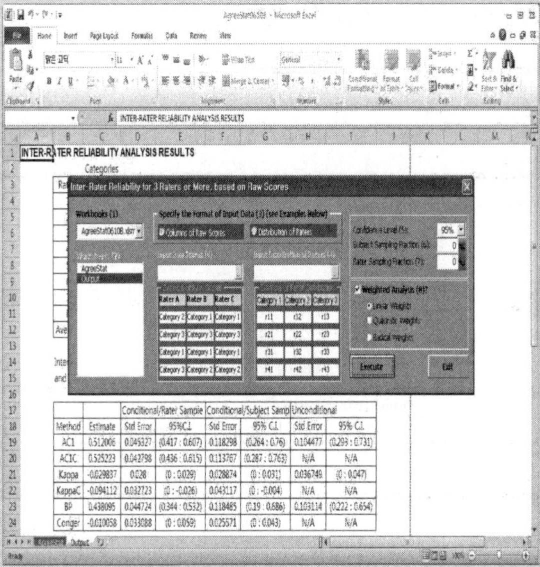

[그림 3-14] 평정자 간 일치도, 결과 출력

5. 남녀 두 집단 사이의 비성도 차 검정

성별로 구분하여 통계를 적용하기 앞서, 전체 데이터(40명이 발화한 [아] 토큰)의 나조미터 비성도를 대상으로 2way ANOVA(독립변인: 비음성×성별)를 실시해 보았다. ANOVA 적용에 앞서 정규성 검정을 실시하였다. 비음성과 성별(gender)을 독립변수로 하고 나조미터 비성도를 종속변수로 취한 샤피로-윌크 정규성 검정 결과는 〈표 3-5〉와 〈표 3-6〉에 나와 있다.

〈표 3-5〉 비음성을 독립변수로 하고, 나조미터 비성도를 종속변수로 취한 샤피로-윌크 정규성 검정

Tests of Normality

	nasality	Kolmogorov-Smirnov[a] Statistic	df	Sig.	Shapiro-Wilk Statistic	df	Sig.
nasometer	normal	.128	20	.200*	.930	20	.153
	abnormal	.118	20	.200*	.971	20	.782

*. This is a lower bound of the true significance.

a. Lilliefors Significance Correction

〈표 3-6〉 성별을 독립변수로 하고, 나조미터 비성도를 종속변수로 취한 샤피로-윌크 정규성 검정

Tests of Normality

	gender	Kolmogorov-Smirnov[a] Statistic	df	Sig.	Shapiro-Wilk Statistic	df	Sig.
nasometer	female	.157	20	.200*	.953	20	.422
	male	.155	20	.200*	.928	20	.142

*. This is a lower bound of the true significance.

a. Lilliefors Significance Correction

결과는 비음성(1과 2로 구분된)과 성별(남성과 여성으로 구분된) 사이에 교호작용이 없었고, 각 변인들의 주효과도 없었다는 것이다. 〈표 3-7〉과 〈표 3-8〉에 통계 결과를 제시한다.

〈표 3-7〉 비음성과 성별에 따른 비성도(나조미터로 측정한)의 평균과 표준편차

nasality	gender	Mean(s.d.)	N
normal	female	20(14.2)	10
	male	16.7(9.3)	10
	Total	18.35(11.8)	20
abnormal	female	26(8.8)	10
	male	20.9(11.7)	10
	Total	23.45(10.4)	20

〈표 3-8〉 남녀를 합친 전체 토큰(40개의 연장발성[a])의 나조미터 비성도를 대상으로 한 2way ANOVA(독립변인: 비음성X성별)

Source	df	Mean Square	F	Sig.
nasality	1	260.1	2.0748061	0.15839
gender	1	176.4	1.4071349	0.2433027
nasality * gender	1	8.1	0.0646133	0.8007939
Error	36	125.361		

비음성과 성별 각각에서의 단순 주효과(simple main effects)를 살펴보기로 하자. 정상군과 1과 비정상군 2 집단으로 나누어 각 집단 내에서 성별 차이가 있는지 살펴보기 위해 단변량 검정(univariate test)을 실시한 결과 1 집단의 경우 [F(1, 36)=.434, p=.514], 2 집단의 경우 [F(1, 36)=1.037, p=.315]로 나타나 두 집단 모두 남녀 간 통계적으로 유의한 차이가 없는 것으로 나타났다(〈표 3-9〉).

〈표 3-9〉 각 비음성 집단[1~2] 내에서 남녀 사이의 단순 주효과 검정(나조미터 비성도)

Univariate Tests

Dependent Variable: nasometer

nasality		Sum of Squares	df	Mean Square	F	Sig.
normal	Contrast	54.450	1	54.450	.434	.514
	Error	4513.000	36	125.361		
abnormal	Contrast	130.050	1	130.050	1.037	.315
	Error	4513.000	36	125.361		

이번에는 남녀별로 구분하여 1과 2 집단 사이에 비성도의 차이가 있는지 단변량 검정을 시행하였다. 그 결과, 남성의 경우 [F(1,36)=.704, p=.407], 여성의 경우 [F(1,36)=1.436, p=.239]로 나타나 1, 2 집단 사이에 통계적으로 유의한 차이가 없는 것으로 나타났다(〈표 3-10〉). [그림 3-15]는 통계적 유의성 검정이 되지 않았음에도 외견상 집단 내의 차이점을 보여 주고 있는 듯하다.

〈표 3-10〉 각 성별 집단 내에서 비음성 수준 사이의 단순 주효과 검정(나조미터 비성도)

Univariate Tests

Dependent Variable: nasometer

gender		Sum of Squares	df	Mean Square	F	Sig.
female	Contrast	180.000	1	180.000	1.436	.239
	Error	4513.000	36	125.361		
male	Contrast	88.200	1	88.200	.704	.407
	Error	4513.000	36	125.361		

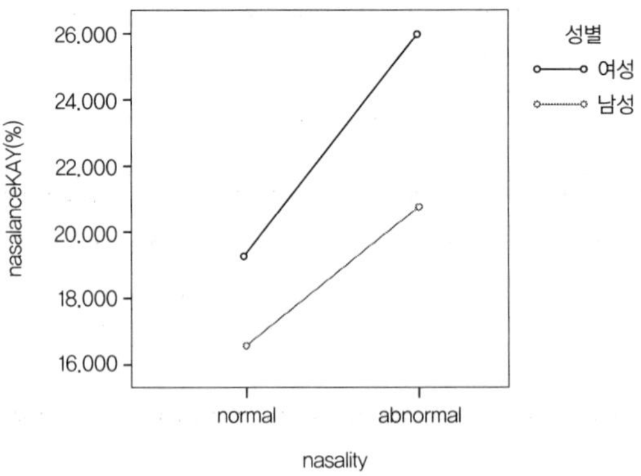

[그림 3-15] 비음성 구분 집단[1~2]과 성별에 따른 나조미터 비성도

쉬어가기

2way ANOVA에서 각 변수에 따른 단순 주효과 검정

SPSS에서 〈표 3-9〉와 〈표 3-10〉과 같은 단순 주효과를 메뉴 기반의 작동법만으로는 F값, sig.값과 함께 출력할 수 없다. 이 경우는 다음과 같은 syntax를 사용하여야 한다[그림 3-16]. 순서는 다음과 같다. File/Open/Syntax... 빈 창에 다음과 같이 입력하면 표의 결과를 구할 수 있다.

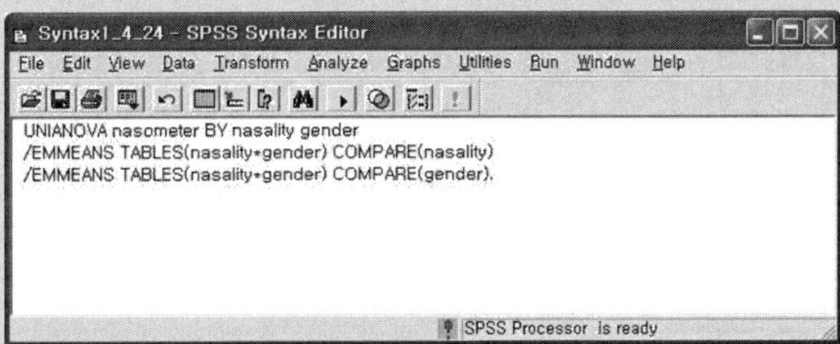

[그림 3-16] 2way ANOVA에서 단순 주효과를 구하기 위한 syntax

Praat으로 계산된 비성도 값을 종속변인으로 하고 비음성과 성별을 독립변인으로 하는 2way ANOVA를 돌린 결과, 나조미터 비성도와 같은 결과가 나오긴 하였으나, 비음성의 경우 90% 유의수준(alpha=.1)에서는 통계적으로 유의한 것으로 해석

될 수 있어(p=.081) 지각적 판단의 결과와 조금 더 일치된 결과라는 해석이 가능하다. 〈표 3-11〉은 평균과 표준편차를, 〈표 3-12〉는 2way ANOVA 검정 결과를 보여 준다.

〈표 3-11〉 비음성 정도와 성별에 따른 Praat 비성도의 평균과 표준편차

nasality	gender	Mean(s.d.)	N
normal	female	43.816(3.74)	10
	male	43.836(2.71)	10
	Total	43.826(3.17)	20
abnormal	female	45.79(1.41)	10
	male	44.944(2.49)	10
	Total	45.367(2.02)	20

〈표 3-12〉 남녀를 합친 전체 토큰(40개의 연장발성[a])의 Praat 비성도를 대상으로 한 2way ANOVA(독립변인: 비음성X 성별).

Source	df	Mean Square	F	Sig.
nasality	1	23.7468	3.220036	0.0811434
gender	1	1.70569	0.2312893	0.6334796
nasality * gender	1	1.87489	0.2542326	0.6171826
Error	36	7.37470		

샤피로-윌크 정규성 검정 결과는 〈표 3-13〉과 〈표 3-14〉에 각각 제시하였다. 성별의 여성 변수를 제외하고 정규성 조건을 만족하므로 비음성과 성별 각각에서의 단순 주효과를 단변량 검정으로 살펴보면 다음과 같다.

〈표 3-13〉 비음성을 독립변수로 하고, Praat 비성도를 종속변수로 취한 샤피로-윌크 정규성 검정

Tests of Normality

		Kolmogorov-Smirnov			Shapiro-Wilk		
	nasality	Statistic	df	Sig.	Statistic	df	Sig.
nasalance	normal	.114	20	.200	.960	20	.547
	abnormal	.117	20	.200	.967	20	.701

〈표 3-14〉 성별을 독립변수로 하고, Praat 비성도를 종속변수로 취한 샤피로-윌크 정규성 검정

Tests of Normality

		Kolmogorov-Smirnov			Shapiro-Wilk		
	gender	Statistic	df	Sig.	Statistic	df	Sig.
nasalance	female	.244	20	.003	.894	20	.032
	male	.119	20	.200	.950	20	.365

비음성 변수를 이용하여 구분된 각 집단[1~2] 내부에서 남녀 간 Praat 비성도 차이가 있는지 단변량 검정을 실시한 결과 1 집단의 경우 [F(1, 36)=.000 p=.987], 2 집단의 경우 [F(1, 36)=.485, p=.491]로 나타나 두 집단 모두 남녀 간 통계적으로 유의한 차이가 없는 것으로 나타났다(〈표 3-15〉).

〈표 3-15〉 각 비음성 집단[1~2] 내에서 남녀 사이의 단순 주효과 검정 (Praat 비성도)

Univariate Tests

Dependent Variable: nasalance

nasality		Sum of Squares	df	Mean Square	F	Sig.
normal	Contrast	.002	1	.002	.000	.987
	Error	265.489	36	7.375		
abnormal	Contrast	3.579	1	3.579	.485	.491
	Error	265.489	36	7.375		

각 성별 내에서 비음성 집단[1~2] 사이에 Praat 비성도 차이가 있는지 단변량 검정을 실시한 결과 여성은 [F(1,36)=2.642, p=.113], 남성은 [F(1,36)=.832, p=.368]로 두 집단 사이에 통계적으로 유의한 차이가 관찰되지 않았다(〈표 3-16〉).

〈표 3-16〉 각 성별 집단 내에서 비음성 집단[1~2] 사이의 단순 주효과 검정(Praat 비성도)

Univariate Tests

Dependent Variable: nasalance

gender		Sum of Squares	df	Mean Square	F	Sig.
female	Contrast	19.483	1	19.483	2.642	.113
	Error	265.489	36	7.375		
male	Contrast	6.138	1	6.138	.832	.368
	Error	265.489	36	7.375		

Praat 비성도 값을 y축으로 하고, 비음성과 성별의 관계를 동시에 나타내는 도표를 그려 보면 다음과 같다([그림 3-17]).

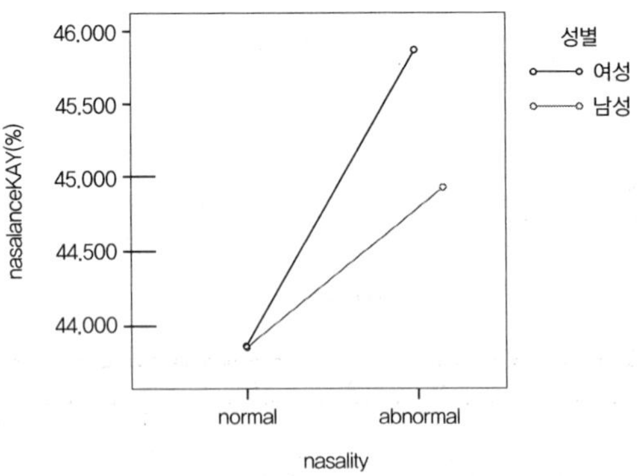

[그림 3-17] 비음성 구분 집단[1~2]과 성별에 따른 Praat 비성도 값

〈표 3-17〉 비음성 지각에 따라 구분된 남성 두 집단[1~2]의 비성도 기술통계. 최대, 최소값은 95% 신뢰 수준에서 계산된 것이다(% 비성도, n-Praat: Praat 비성도, n-KAY: 나조미터 비성도).

nasalance	normal				abnormal(with nasality sensation)			
	lower bound	mean(s.d.)	median	Upper bound	lower bound	mean(s.d.)	median	upper bound
n_praat	41.89	43.84(2.7)	44.05	45.77	43.16	44.94(2.49)	45.17	46.73
n_KAY	10.04	16.7(9.31)	15.5	23.36	12.53	20.9(11.69)	18.5	29.27

지금까지 Praat 비성도와 나조미터 비성도를 대상으로 살펴본 단순 주효과 검정은 요인 간의 교호작용이 관찰되었을 때 그 교호작용의 상세 내용을 파악하기 위하여 실시하는 것이 일반적이다.

지금까지의 검정에서 비록 남녀 간 유의미한 통계적 차이가 나타나지 않았다 하더라도 이 연구에서는 성별을 구분하여 진행할 것이다. 남녀 간 음질이 다르고, 선행 연구에서 남녀 간 차이를 언급한 연구들이 있기 때문이다(황영진, 2007; 김민정 등, 2000). 비성이 느껴지기 시작하는 임계값(cutoff)을 설정하기 위해서 두 집단(정상군, 비정상군) 각각의 최대, 최소값과 중앙값(median) 등을 포함한 기술통계값이 필요하다. 여기서 최대, 최소값은 기술통계 보고에서 95% 신뢰구간(confidence interval)으로 설정된 영역에서의 최대, 최소값을 사용할 것이다. 〈표 3-17〉은 이와 관련된 남성 데이터의 정보를 보여 준다. Praat 비성도와 나조미터 비성도에 대한 계산값 모두를 이용하여 구한 결과다. [그림 3-18]은 남성의 두 집단 구분에 따른 Praat 비

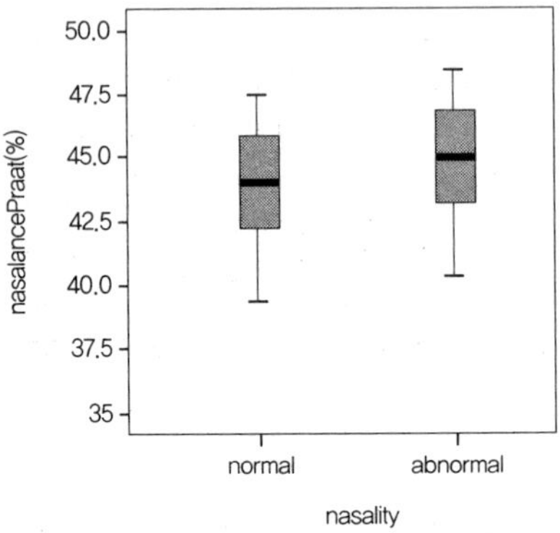

[그림 3-18] 남성 20명이 발화한 연장발성[a]의 2 집단[1~2] 구분에 따른 Praat 비성도 차이. X축에서 '비정상군'으로 명시된 것은 '비음성'이 상대적으로 더 지각된 것을 표현하기 위해서다.

성도 차이를 보여 준다.

여성 데이터의 경우, 95% 신뢰구간에서의 최대값, 최소값, 평균, 중앙값 등의 기술통계값은 〈표 3-18〉과 제시하였다. 남성과 마찬가지로 나조미터에서 계산된 비성도와 Praat으로 계산한 비성도 모두를 대상으로 진행하였다. [그림 3-19]는 여성의 두 집단 구분에 따른 Praat 비성도 차이를 나타낸다.

〈표 3-18〉 비음성 지각에 따라 구분된 여성 두 집단[1~2]의 비성도 기술통계. 최대, 최소값은 95% 신뢰 수준에서 계산된 것이다(% 비성도).

nasalance	normal				abnormal(with nasality sensation)			
	lower bound	mean(s.d.)	median	Upper bound	lower bound	mean(s.d.)	median	upper bound
n_praat	41.89	43.84(2.7)	44.05	45.77	43.16	44.94(2.49)	45.17	46.73
n_KAY	10.04	16.7(9.31)	15.5	23.36	12.53	20.9(11.69)	18.5	29.27

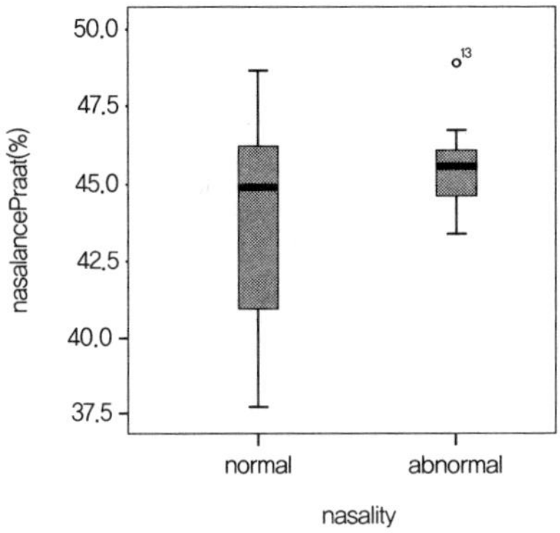

[그림 3-19] 여성 20명이 발화한 연장발성[a]의 2 집단[1~2] 구분에 따른 비성도 차이(Praat 비성도). X축에서 '비정상군'으로 명시된 것은 '비음성'이 상대적으로 더 지각된 것을 표현하기 위해서다.

제4장

합성시료를 이용한 청지각 실험

1. 합성시료 제작
2. ExperimentMFC 객체를 이용한 2차 지각실험
3. 평균 비성도

1. 합성시료 제작

남성 데이터의 경우 Praat 비성도 [43.16-45.77] 구간이 두 집단의 교집합 부분이다. 합성시료는 교집합의 최소값에 해당하는 비성도 43.16%를 대략의 기준점(reference)으로 하여 이 값과 가장 근사한 토큰을 골라낸 후, 그 토큰의 비강에너지를 +3dB씩 5단계 점증한 자료와 -3dB씩 3단계 점감한 자료로 구성하였다. 그리고 SNR 0.2로 합성된 소음을 이 신호에 다시 한 번 합성하여 최종 9단계 자극으로 구성하였다. 시료 제작의 과정은 다음과 같다.

① 남성 자료 중 Praat 비성도 43.16(%)에 가장 가까운 자료를 선택한다.

② 2개의 채널 중 비강채널의 신호를 선택하여 일정값(3dB)을 더하고 뺀다.

③ 이 신호를 구강채널 신호와 합성한 뒤(Praat: Combine to Stereo) 모노로 변환한다.

④ SNR 0.2 신호를 합성한다. 이 노이즈 시그널은 Praat 스크립트를 이용하여 whiteNoise와 sineWave를 합성하여 만든다.

⑤ 비성도가 변형된 모노 신호와 SNR 0.2 신호를 다시 합성한 뒤 모노로 변환한다. 2개 신호의 합성을 위해서 소음

신호의 샘플링 비율을 11,025Hz로 다운샘플한다.

⑥ 합성된 7개 토큰을 에너지 관점에서 정규화(normalize)시킨다(72dB로 정규화).

⑦ 합성시료를 이용한 지각실험을 위하여 7개 토큰 각각을 7개씩 복제하여 총 49개의 토큰으로 정리하였다.

앞의 ④~⑤번 과정에 관여한 스크립트의 핵심 부분은 다음과 같다.

```
# making noise whose SNR=1.22 dB
  Create Sound from formula... whiteNoise Mono 0 1
  44100 randomGauss(0,0.1)
  Rename... noise
  Scale intensity... 40

# making signal(sine wave)
  Create Sound from formula... sineWave Mono 0 1 44100
  1/2 * sin(2*pi*249*x)
  Rename... signal
  Copy... combined
  Scale intensity... 39
```

```
# fusion of noise and signal(249Hz sine wave)
  select Sound combined
  Formula... self[col] + Sound_noise[col]
  Resample... 11025 50
  Rename... resampledNoise

# fusion of signal(nasality_changed) with noise
  select Sound soundObj_mono
  plus Sound resampledNoise
  Combine to stereo
  Convert to mono
  Scale intensity... 72
  Write to WAV file... .₩'fileName$'_'k'.wav
```

이 순서에 따라 비성도 (43.16%에 가장 가까운) 43.1%로 측정된 남성 자료(s2_n08_a1)를 기준값(reference)으로 하여 자료를 만들었다. 〈표 4-1〉은 최종 비성도 측정단계까지의 왼쪽 채널(비강신호)과 오른쪽 채널(구강신호)의 에너지 변화에 대한 내용을 담고 있다. 여섯 번째 열까지는 원 사운드 파일의 구강채널과 비강채널의 에너지 값과 그 값을 기초로 계산된 비성도(nas_1)에 대한 정보를 담고 있다.

그 이후 5개의 열은 ① 비강에너지가 체계적으로 증가한 내용(int_L_scl), ② 이렇게 증가된 비강채널과 증가시키지 않고 남겨둔 구강채널을 스테레오로 합성한 후 측정한 강도(int_str_p), ③ 스테레오로 합성된 소리에서 다시 비강채널, 구강채널로 분리하여 비강채널 강도를 측정한 값(int_L_p), ④ 구강채널 강도를 측정한 값(int_R_p: 이 두 가지 과정을 시행한 것은 스테레오 합성이 에너지 변동을 반영하여 제대로 되었는지를 검증하는 의미가 있다) 그리고 ⑤ 이 비강채널 강도를 체계적으로 변형시킨 객체(obj.)와 변동이 되지 않은 구강채널(〈표 4-1〉의 예에서는 72.9dB)을 합성하여 만든 최종 결과물의 비성도(nas_2)를 보여주고 있다. 실험 2의 참가자들에게 최종 제시된 자극(stimuli)은 스테레오를 모노로 다시 변환한 것이다.

〈표 4-1〉 비강채널에너지의 체계적 변동 그리고 최종 비성도 값(nas_2). Praat을 이용하여 원 사운드 파일(s2_n08_a1)의 비강에너지를 3dB 증감시켜서 비성도를 변화시켰다(남성).

file	no	int	int_L	int_R	nas_1	int_L_scl	int_str_p	int_L_p	int_R_p	nas_2
s2_n08_a1	-9	70	55.1	72.9	43.1	46.1	69.9	46.1	72.9	38.8
s2_n08_a1	-6	70	55.1	72.9	43.1	49.1	69.9	49.1	72.9	40.3
s2_n08_a1	-3	70	55.1	72.9	43.1	52.1	69.9	52.1	72.9	41.7
s2_n08_a1	0	70	55.1	72.9	43.1	55.1	70	55.1	72.9	43.1
s2_n08_a1	+3	70	55.1	72.9	43.1	58.1	70	58.1	72.9	44.4
s2_n08_a1	+6	70	55.1	72.9	43.1	61.1	70.2	61.1	72.9	45.6
s2_n08_a1	+9	70	55.1	72.9	43.1	64.1	70.4	64.1	72.9	46.8
s2_n08_a1	+12	70	55.1	72.9	43.1	67.1	70.9	67.1	72.9	47.9
s2_n08_a1	+15	70	55.1	72.9	43.1	70.1	71.7	70.1	72.9	49.0

여성 데이터의 경우 Praat 비성도 [44.78-46.48] 구간이 두 집단의 교집합 부분이다. 합성시료는 교집합의 최소값에 해당하는 비성도 44.78%를 기준점으로 하여 비강에너지를 점증하고 점감하여 만들었으며 요령은 남성의 경우와 동일하다. 데이터 중에서 비성도 44.76%로 측정된 여성 자료(s1_n07_a1)를 기준값으로 하여 증감 자료를 만들었다. 〈표 4-2〉는 각 채널의 에너지 증감 변화 추이를 나타내고 있으며, 각 열이 지시하는 내용은 〈표 4-1〉과 동일하다.

〈표 4-2〉 비강채널에너지의 체계적 변동 그리고 최종 비성도 값(nas_2). Praat을 이용하여 원 사운드 파일(s1_n07_a1)의 비강에너지를 3dB 증감시켜서 비성도를 변화시켰다(여성).

file	no	int	int_L	int_R	nas_1	int_L_scl	int_str_p	int_L_p	int_R_p	nas_2
s1_n07_a1	-9	63.3	53.6	66.1	44.8	44.6	63.1	44.6	66.1	40.3
s1_n07_a1	-6	63.3	53.6	66.1	44.8	47.6	63.1	47.6	66.1	41.9
s1_n07_a1	-3	63.3	53.6	66.1	44.8	50.6	63.2	50.6	66.1	43.4
s1_n07_a1	0	63.3	53.6	66.1	44.8	53.6	63.3	53.6	66.1	44.8
s1_n07_a1	+3	63.3	53.6	66.1	44.8	56.6	63.5	56.6	66.1	46.1
s1_n07_a1	+6	63.3	53.6	66.1	44.8	59.6	64	59.6	66.1	47.4
s1_n07_a1	+9	63.3	53.6	66.1	44.8	62.6	64.7	62.6	66.1	48.7
s1_n07_a1	+12	63.3	53.6	66.1	44.8	65.6	65.9	65.6	66.1	49.8
s1_n07_a1	+15	63.3	53.6	66.1	44.8	68.6	67.5	68.6	66.1	50.9

2. ExperimentMFC 객체를 이용한 2차 지각실험

〈표 4-1〉과 〈표 4-2〉와 같이 9단계로 정리된 지각용 자극

은 Praat의 지각실험용 플랫폼인 ExperimentMFC 객체를 이용하여 실험참가자들에게 제시되었다. 자극은 총 3개의 블록으로 제시되었는데 첫 번째 블록은 9개 자극을 세 번 반복하는 것으로 구성하였고, 두 번째와 세 번째 블록은 다섯 번 반복하는 것으로 구성하였다. 최종 실험 결과 해석에서 첫 번째 블록은 제외하였다(연습용 제시). 따라서 제시된 자극의 개수는 90개다. 점수는 Likert의 5점 척도(1932)를 이용하여 선택하도록 하였다. 1은 비성이 전혀 느껴지지 않는 수준으로 판단될 때, 5는 비성이 가장 많이 느껴지는 수준으로 선택하도록 하였다. [그림 4-1]은 실험에 사용된 ExperimentMFC 객체의 화면구성이다. 각 척도에 대응하는 표현은 1(no nasal), 2(less nasal), 3(out of judge), 4(a little nasal), 5(very nasal)다.

충남대학교 언어학과 학부생 16명이 2차 지각실험에 참가하였다. 충남대학교 음성음향 실험실의 독립된 두 공간(sound proof chamber)에서 외장 사운드 카드(SoundBlaster SB 0490, USA)가 연결된 데스크톱 컴퓨터(Intel® Core™2 Quad CPU Q6600 @ 2.40GHz, 2.00GB RAM: windows XP, Samsung)를 이용하였다. 두 컴퓨터에 각기 한 사람씩 앉아서 헤드폰(Sennheiser PX 200, Austria)을 착용하고 비성도를 평가하였다. 본격적인 평가에 들어가기 앞서, 판단의 잣대가 될 수 있는 세 가지 자극, 즉 합성된 자극 중 최소 비성 자극(nE_-9: 남성에서는 38.8%, 여성에서는 40.3%), (임의의) 기준점에 해당하는 자극(nE_0: 남성에서는

43.1%, 여성에서는 44.8%) 그리고 최대 비성 자극(nE_+15: 남성에서는 49.0%, 여성에서는 50.9%)을 교대로 들려 주면서 실험의 목적과 자극들 사이의 차이를 지각할 수 있는 시간을 충분히 제공하였다.

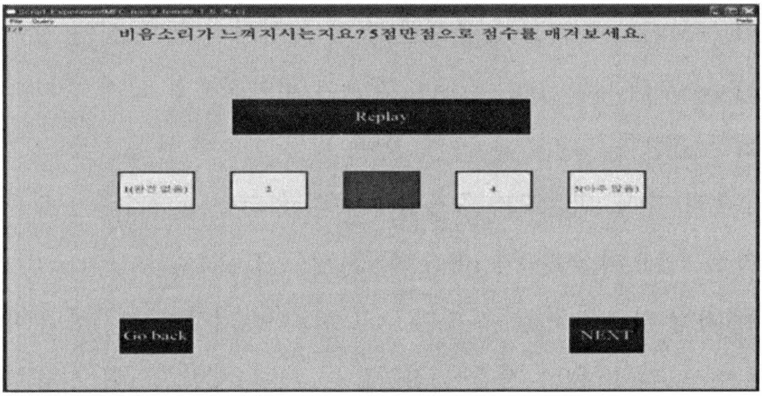

[그림 4-1] 비성도 평가에 사용된 ExperimentMFC 화면

3. 평균 비성도

지각실험 결과 얻어지는 총 판단의 수는 1,440개다(90개 자극 ×16인=1440). 남성의 경우 〈표 4-3〉과 같은 결과를 얻었다. 하나의 자극에 대해서 160개의 지각 판단(perceptual judgement)이 이루어졌으며, 다섯 가지 범주에 대한 판단의 총합을 제시하였다. 〈표 4-3〉 맨 왼쪽의 자극 열은 남성 데이터 〈표 4-1〉

의 마지막 열 'nas_2'의 결과와 각각 대응한다. [그림 4-2]는 〈표 4-3〉을 백분율로 계산하여 히스토그램으로 표현한 것이다. 이 교차표에 대한 카이제곱 검정 결과는 유의하였다 [x2(32)=724.471, p〈.001].

[그림 4-2]를 보면 [3: beyond judge]로 평가한 결과가 자극 nE_+6 이하에 고르게 분포한 것이 특징적이다. 동시에 자극 nE_+6부터 [4: a little nasal] 판단이 비약적으로 크게 증가하기 시작한다. 9개의 자극별로 얻은 평균 점수를 살펴보면 [그림 4-3]과 같다. 비성도가 증가될수록 평균 점수도 증가하는 것을 알 수 있으며, nE_0와 nE_+3이 비성도 점수 [3: beyond judge]에 가장 가까움을 알 수 있다. 〈표 4-3〉이 제시하는 비성도 자극에 따라 비음성 지각이 점증하는 패턴은 비성도와 비음성 사이의 상관관계를 통해서도 확인할 수 있다[R=.535 (p〈.01, n=1440)].

〈표 4-3〉 남성 데이터를 이용한 합성 자극에 대한 비성도 평가 결과 (number of counts).

stimulus	no nasal	less nasal	beyond judge	a little nasal	very nasal
nE_-9	7	40	92	19	2
nE_-6	5	38	98	19	0
nE_-3	8	37	86	28	1
nE_0	5	44	78	29	4
nE_+3	3	30	93	27	7
nE_+6	2	19	77	49	13
nE_+9	1	15	52	79	13
nE_+12	1	5	30	73	51
nE_+15	0	1	10	48	101

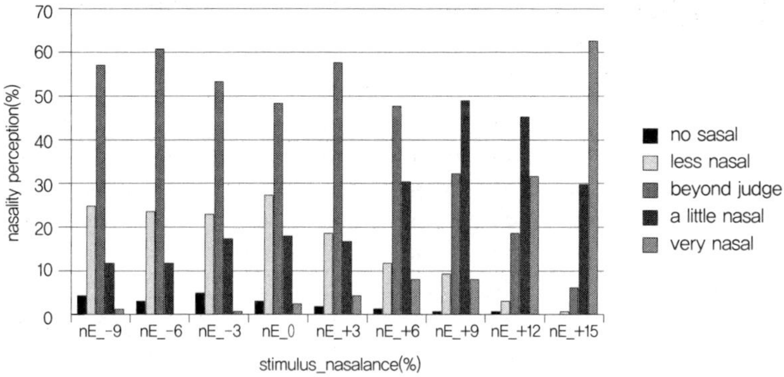

[그림 4-2] 남성 데이터를 이용한 합성 자극에 대한 비음성 판단 결과(백분율 %).

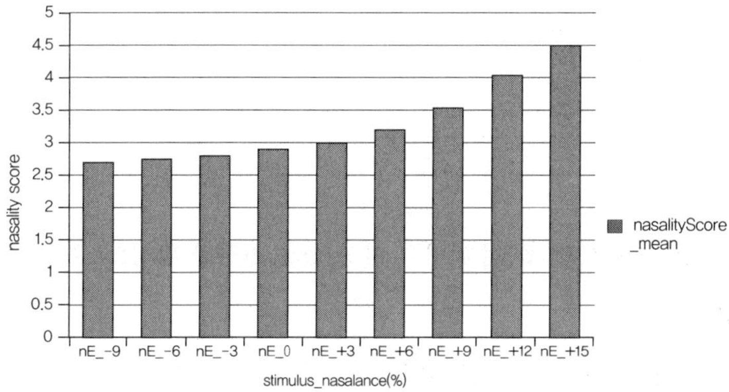

[그림 4-3] 남성 데이터를 이용한 각 합성 자극에 대한 비음성 지각 점수

〈표 4-4〉는 16명의 지각 평가단 각자가 9개의 남성 합성 자극에 대하여 청취한 뒤 평가한 평균 점수(=16×9=144)를 나타낸 것이다. 144개 엔트리의 기술통계를 내어 본 결과 최소 2, 최대 5, 중앙값 3.15, 평균값 3.3208(±.743)이었다. 이 자료의 중앙값

〈표 4-4〉 16명의 지각 평가단이 9개의 남성 합성 자극에 대하여 평가한 평균 점수

listener	stimulus								
	-9	-6	-3	0	3	6	9	12	15
1	2.2	2	2.8	2.4	2.6	3.5	3.5	4.3	4.8
2	2.7	2.8	2.8	2.6	3	2.6	2.8	3	3.9
3	2.8	2.7	2.7	3	2.8	3.1	3.3	4.2	4.7
4	2.7	2.5	2.7	2.6	2.3	2.9	2.9	2.8	3.2
5	2.7	2.5	2.4	2.6	2.3	3.2	3.6	4.4	5
6	3	3.2	3.3	3.2	3.2	3.4	3.6	3.7	4.3
7	2.5	2.7	2.5	2.8	2.9	2.9	3.8	4.4	5
8	3.3	3.2	3.4	3.1	3.3	3.3	3.5	4.1	4.7
9	3.9	3.7	3.9	4.2	4.3	4.6	4.5	4.8	5
10	2.8	2.9	3	2.7	3.3	3.7	4	4.3	5
11	2.3	2.6	2.4	2.3	2.8	2.8	3.4	4	5
12	3	3.1	2.9	3.3	3.5	3.7	3.6	4.1	4.6
13	2.5	2.6	2.6	2.6	3	3.1	3.3	3.8	4.1
14	2.5	2.7	2.9	2.6	3	3.5	3.9	4.8	4.9
15	3	3	3.1	3.2	3.2	3.7	3.9	4.5	4.6
16	3	3	3	3.1	3	3.2	3.2	3.6	4

3.15를 기준으로 하여 1(약한 비성도)과 2(강한 비성도)로 분류하였다.

1과 2 분류를 합성된 비성도 값과 짝을 지어 ROC(receiver operating characteristic) 곡선을 그려 본 결과 절단점(cut-off point) 43.75%(합성 자극 nE_0〈cutoff_43.75%〈nE_+3)에서 민감도 0.821, 특이도 0.675를 얻었으며, 절단점 45%(nE_+3〈cutoff_45%〈nE_+6)에서 민감도 0.731, 특이도 0.805를 얻었다. Youden 지수(index)를 적용하면 절단점 44.4%(nE_+6: 18.2418% 나조미터 비성도)에서 민감도 75.0(%),

특이도 86.1(%)을 얻었다.[1] 이 테스트의 정확도(=AUC)는 .861(p⟨.0001)로 '매우 정확한' 절단값(cut-off value) 설정임을 말해 준다(z=11.588: 송상욱, 2009). 1과 2 분류의 개수는 72:72였다(⟨표 4-4⟩). 각 비성도 절단점에서의 민감도와 특이도는 ⟨표 4-5⟩와 ⟨표 4-6⟩에 제시하였다(각각 SPSS와 MedCalc 출력결과). ⟨표 4-5⟩의 첫 번째 열 'cut-off(Nasometer)'는 Praat 비성도를 회귀방정식 ⟨식 4-1⟩을 이용하여 나조미터 비성도로 변경한 것이다(남성, R^2=.843).

$$nasalanceKAY=(4.102 \cdot nasalancePraat)-163.887 \quad \langle 식\ 4\text{-}1 \rangle$$

⟨표 4-5⟩ 각 비성도 절단점에서의 민감도와 특이도(남성)

cut-off(Nasometer)	cut-off(praat)	Sensitivity	Specificity
-1.653	39.55	0.970149254	0.1818182
4.295	41	0.925373134	0.3506494
10.038	42.4	0.880597015	0.5194805
15.576	43.75	0.820895522	0.6753247
20.7	45	0.731343284	0.8051948
25.63	46.2	0.582089552	0.8831169
30.34	47.35	0.373134328	0.9090909
34.854	48.45	0.164179104	0.9350649

[1] Youden(1950)이 발표한 지수로 정의된다. 즉, 민감도와 특이도를 더하여 1을 뺀 값으로 0과 1 사이 범위에서 움직인다. 민감도와 특이도의 최저값을 결정하는 데 기여한다.

〈표 4-6〉 MedCalc를 이용하여 구한 민감도와 특이도(Youden 지수 표시, 남성)

Youden index

Youden index J	0.6111
Associated criterion	>44.4

Criterion values and coordinates of the ROC curve [Hide]

Criterion	Sensitivity	95% CI	Specificity	95% CI	+LR	-LR	+PV	-PV
≥38.8	100.00	95.0 - 100.0	0.00	0.0 - 5.0	1.00		50.0	
>38.8	97.22	90.3 - 99.7	19.44	11.1 - 30.5	1.21	0.14	54.7	87.5
>40.3	93.06	84.5 - 97.7	37.50	26.4 - 49.7	1.49	0.19	59.8	84.4
>41.7	88.89	79.3 - 95.1	55.56	43.4 - 67.3	2.00	0.20	66.7	83.3
>43.1	83.33	72.7 - 91.1	72.22	60.4 - 82.1	3.00	0.23	75.0	81.2
>44.4	75.00	63.4 - 84.5	86.11	75.9 - 93.1	5.40	0.29	84.4	77.5
>45.6	61.11	48.9 - 72.4	94.44	86.4 - 98.5	11.00	0.41	91.7	70.8
>46.8	41.67	30.2 - 53.9	97.22	90.3 - 99.7	15.00	0.60	93.7	62.5
>47.9	22.22	13.3 - 33.6	100.00	95.0 - 100.0		0.78	100.0	56.2
>49	0.00	0.0 - 5.0	100.00	95.0 - 100.0		1.00		50.0

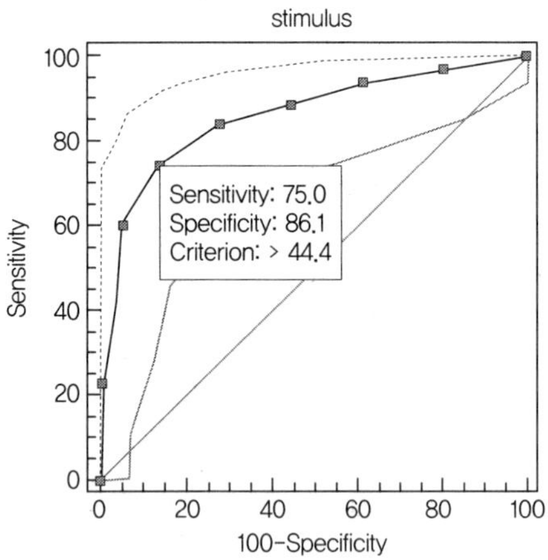

[그림 4-4] 청지각 점수의 중앙값 3.15를 중심으로 하여 아래쪽 값은 0(negative) 그 위쪽 값은 1(positive)로 구분된 남성 합성 자극 비성도의 ROC 곡선

쉬어가기

ROC 곡선을 이용한 절단값 가치 검정

비성이 느껴지기 시작하는 시점, 곧 절단값 설정을 위해 동원될 수 있는 가장 효율적인 방법론으로 민감도와 특이도의 개념이 동반된 ROC 곡선을 들 수 있다(Hanley & McNeil, 1982; Zweig & Campbell, 1993). '어떤 상태임(positive)'과 '어떤 상태가 아님(negative)' 두 가지 판단에 대하여 positive 상태임을 잘 나타내는 기준을 '민감도'라 하고, negative 상태임을 잘 나타내는 기준을 '특이도'라 한다. 우리 실험에서 positive는 '비성이 느껴짐'이 될 것이다.

ROC 곡선은 '1-특이도'를 x축으로, 민감도를 y축으로 하여 positive와 negative 상태를 구분하는 다양한 절단값을 그래프로 나타낸 것이다. 절단값은 민감도와 특이도가 동시에 높은 값을 선택하는 것을 원칙으로 한다. 측정을 통해 추정된 절단값이 쓸모 있는지 여부는 ROC 곡선 아래의 면적(area under the ROC curve: AVC)에 의해 측정될 수 있다(Swets, 1988; Greiner et al., 2000). 송상욱(2009)은 다음과 같은 다섯 가지 등급을 설정하였다.

① 비정보적: AUC=0.5

② 덜 정확한: 0.5 〈 AUC ≤ 0.7

③ 중등도의 정확한: 0.7 〈 AUC ≤ 0.9

④ 매우 정확한: 0.7 〈 AUC 〈 0.9

⑤ 완벽한: AUC=1

이 내용을 ROC 곡선으로 나타내면 [그림 4-5]와 같다(송상욱, 2009).

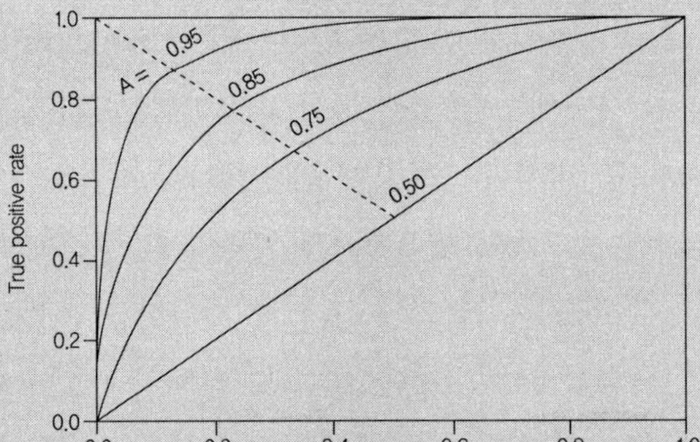

[그림 4-5] False positive rate(x: 1-특이도)에 대한 민감도(y) (A=area under the ROC curve)(송상욱, 2009).

ROC 관련 통계는 SPSS 혹은 MedCalc를 사용하면 편리하게 구할 수 있다.

〈표 4-7〉 여성 데이터를 이용한 합성 자극에 대한 비성도 평가 결과. stimulus 열은 〈표 4-2〉의 마지막 열 nas_2의 결과와 각각 대응한다.

stimulus	no nasal	less nasal	beyond judge	a little nasal	very nasal
nE_-9	6	20	66	55	13
nE_-6	6	26	62	53	13
nE_-3	7	24	63	45	21
nE_0	2	20	76	43	19
nE_+3	4	16	67	59	14
nE_+6	3	16	72	51	18
nE_+9	2	10	52	64	32
nE_+12	1	13	45	55	46
nE_+15	1	9	27	51	72

여성 목소리를 합성한 자극의 경우 〈표 4-7〉과 같은 결과를 얻었다(X2(32)=180.534, p〈.0001). [그림 4-6]을 참고하면 nE_0, 즉 44.8% 비성도 합성 자극에 대하여 [3: out of judge]로 가장 많은 평가가 집중되었으며 nE_+3(46.1%)부터 [4: a little nasal] 자극이 비약적으로 향상되기 시작한다.[2] 그러나 남성의 결과에 비해서 [4: a little nasal]이 9개 자극군 모두 다른 스코어에 비해 상대적으로 고른 지각 결과를 보여 주고 있다. [그림 4-7]을 보면 평균 지각점수의 경우 자극 nE_-9부터 nE_+6까지 큰 차이를 보이지 않다가 nE_+9부터 다른 양상을 보여 준다. 비성도가 강한 자극으로 진행하면서 점증하는 패턴이긴 하지만 nE_0(비성도=44.8%) 이하 영역에서는 남성 합성 자극에 비

2) 〈표 4-2〉 마지막 열(nas_2) 참고

해 각 자극의 지각 구분이 뚜렷하지 않다. 비성도와 비성지각 사이의 상관관계는 남성 합성 자극에 대한 지각보다 높지 않은 것으로 나타났다[R=.256 (p<.01, n=1440)].

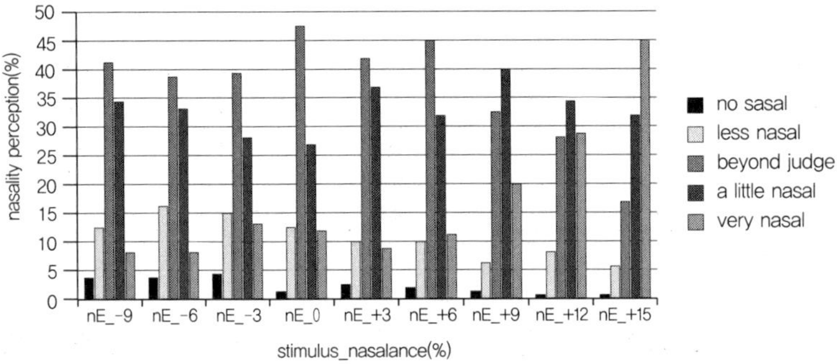

[그림 4-6] 여성 데이터를 이용한 합성 자극에 대한 비음성 판단(백분율 %).

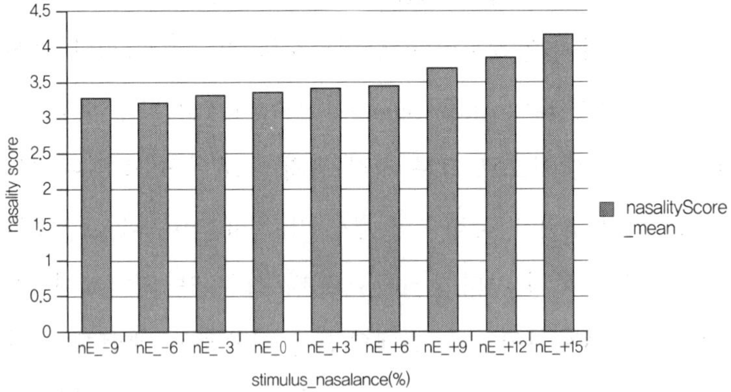

[그림 4-7] 여성 데이터를 이용한 각 합성 자극에 대한 비음성 지각 점수 (1~5).

〈표 4-8〉 16명의 지각 평가단이 9개의 여성 합성 자극에 대하여 평가한 평균 점수

listener	stimulus								
	-9	-6	-3	0	3	6	9	12	15
1	3.1	3	3.1	3.3	3	3.5	4.1	4.3	4.9
2	3.8	3.5	3.6	3.1	3.4	3.4	3.3	3.3	3.3
3	1.4	1.9	1.6	2.5	2.4	2.5	2.8	3.5	4.1
4	3.2	3	2.8	3	3.1	3.2	3.1	3.3	3.3
5	3.5	3.4	3.7	3.7	4	4.2	4.1	4.5	4.6
6	3.3	3.4	3.2	3.5	3.2	3.1	3.4	3	2.8
7	4.2	4.3	4.4	4.4	4.4	4.6	4.8	4.8	4.9
8	4.1	3.6	3.7	3.9	3.7	4	4.5	4.7	5
9	2.6	2.6	3.2	3	3.2	3.3	3.8	3.6	4.5
10	3.1	3	3.3	3.2	3	3.2	3.2	3.4	4.4
11	3.6	3.3	3.1	3.1	3.9	2.7	3.9	3.5	3.6
12	3.2	3.1	3	3.2	3.2	3.6	4.2	4.3	4.9
13	4.1	3.7	4.2	3.7	4	4	3.9	4.3	4
14	3.1	3.4	3	3	3.1	3.2	3.4	3.2	3.6
15	3.3	3.7	4.1	3.9	3.7	3.2	3.8	4	4.5
16	3.3	3.2	2.9	3.2	3	2.8	3.1	3.5	3.5

〈표 4-8〉은 16명 지각 평가단 각자가 여성 합성 자극 9개에 대하여 1~5점 스케일로 평가한 평균 점수(=16×9=144)를 나타낸 것이다. 이 값을 대상으로 기술통계를 내본 결과 최소 1.4, 최대 5, 중앙값 3.4, 평균값 3.5236(±.63554)이었다. 이 자료의 중앙값 3.4를 기준으로 하여 1(negative: non-nasal)과 2(positive: nasal)로 분류하였다(1.4〈= negative 〈3.4; 3.4〈= positive 〈=5). 1(negative)과 2(positive) 분류를 합성된 비성도 값과 짝을 지어 ROC 곡선을 그려 본 결과 절단점 44.1% (nE_-3〈cut-off_44.1% 〈nE_0)에서 민감도 0.74, 특이도 0.418을 얻었으며, 절단점 45.45% (nE_0〈cut-off_45.45%〈nE_+3)에서 민감도

0.662, 특이도 0.567을 얻었다. Youden 지수에 의거하면, 절단점 47.4%(=nE_+6; 33.55% 나조미터 비성도)에서 민감도 48.1, 특이도 83.6을 얻었다(〈표 4-10〉 [그림 4-8]).

이 테스트의 정확도(=AUC)는 .671(p〈.0001)로 덜 정확한 편으로 나타났으며 positive와 negative 분류의 개수는 67:77이었다. SPSS를 이용하여 구한 각 비성도 절단점에서의 민감도와 특이도는 〈표 4-8〉과 같다. Praat 비성도와 나조미터 비성도 사이의 회귀방정식은 〈식 4-2〉와 같다(R^2=.897). 이 식에 따라 보정한 나조미터 비성도의 비성도 점수는 〈표 4-9〉의 첫째 열에 나와 있다.

$$nasalanceKAY=(4.020 \times nasalancePraat)-156.998 \quad \text{〈식 4-2〉}$$

〈표 4-9〉 각 비성도 절단점에서의 민감도와 특이도(여성)

cut-off(Nasometer)	cut-off(praat)	Sensitivity	Specificity
8.224	41.1	0.922077922	0.1492537
14.455	42.65	0.818181818	0.2686567
20.284	44.1	0.74025974	0.4179104
25.71	45.45	0.662337662	0.5671642
30.937	46.75	0.571428571	0.7014925
36.163	48.05	0.480519481	0.8358209
40.987	49.25	0.337662338	0.9104478
45.41	50.35	0.181818182	0.9701493

〈표 4-10〉 MedCalc를 이용하여 구한 민감도와 특이도(Youden 지수 표시, 여성)

Youden index

Youden index J	0.3163
Associated criterion	>47.4

Criterion values and coordinates of the ROC curve [Hide]

Criterion	Sensitivity	95% CI	Specificity	95% CI	+LR	-LR	+PV	-PV
≥40.3	100.00	95.3 - 100.0	0.00	0.0 - 5.4	1.00		53.5	
>40.3	92.21	83.8 - 97.1	14.93	7.4 - 25.7	1.08	0.52	55.5	62.5
>41.9	81.82	71.4 - 89.7	26.87	16.8 - 39.1	1.12	0.68	56.2	56.3
>43.4	74.03	62.8 - 83.4	41.79	29.8 - 54.5	1.27	0.62	59.4	58.3
>44.8	66.23	54.6 - 76.6	56.72	44.0 - 68.8	1.53	0.60	63.7	59.4
>46.1	57.14	45.4 - 68.4	70.15	57.7 - 80.7	1.91	0.61	68.7	58.7
>47.4	48.05	36.5 - 59.7	83.58	72.5 - 91.5	2.93	0.62	77.1	58.3
>48.7	33.77	23.4 - 45.4	91.04	81.5 - 96.6	3.77	0.73	81.2	54.5
>49.8	18.18	10.3 - 28.6	97.01	89.6 - 99.6	6.09	0.84	87.5	50.8
>50.9	0.00	0.0 - 4.7	100.00	94.6 - 100.0		1.00		46.5

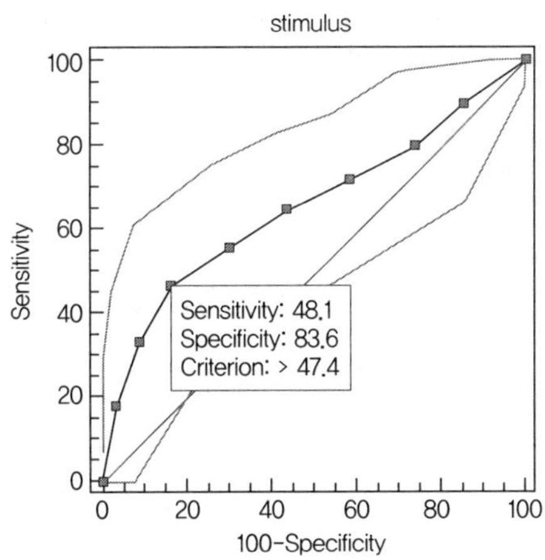

[그림 4-8] 청지각점수 중앙값 3.4를 중심으로 아래쪽 값은 1(negative) 그 위쪽 값은 2(positive)로 구분된 여성 합성 자극 비성도의 ROC 곡선

쉬어가기

MedCalc를 이용한 ROC 곡선 구하기

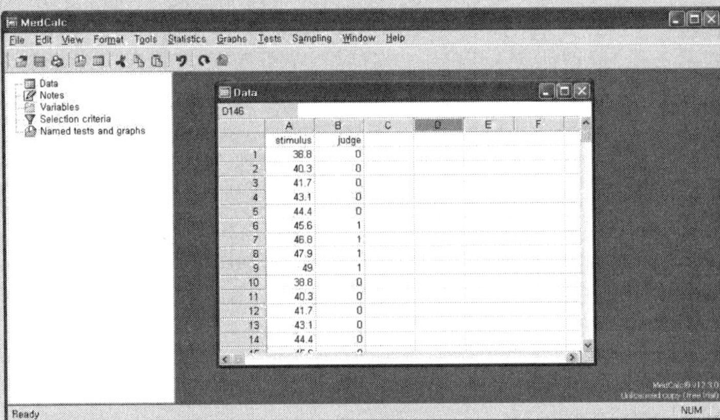

[그림 4-9] 데이터 입력 화면, 자극에 대한 양분 판단(0, 1) 형태로 입력된다.

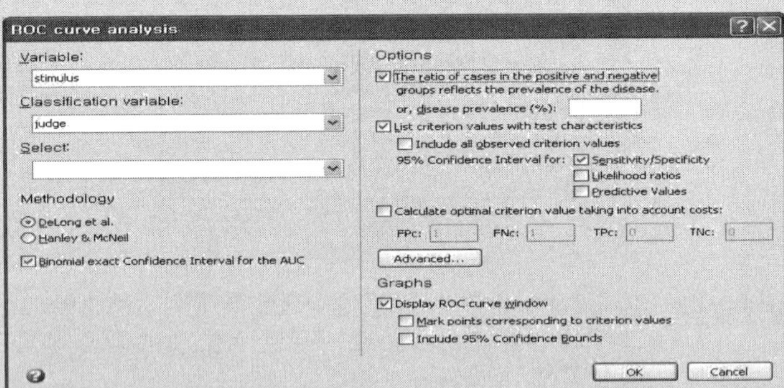

[그림 4-10] ROC 분석을 수행하기 위한 변수 설정 화면. 분류변수(classification variable)에 (1, 0) 판단이 입력되어 있다.

MedCalc의 경우는 입력 시 judge 컬럼 부분을 0과 1로 코딩해 주어야 한다. SPSS와 다른 점이다.

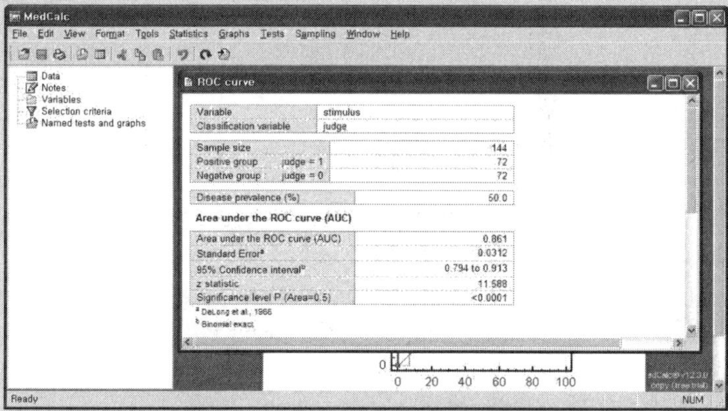

[그림 4-11] 통계 결과. positive vs. negative 분류 개수, AUC, z-value, p-value 등이 나와 있다.

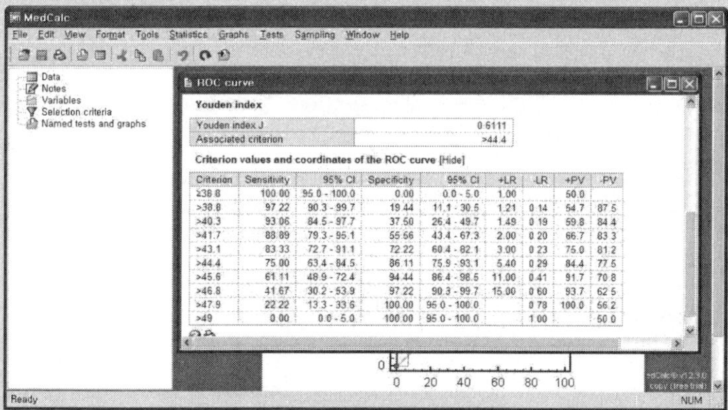

[그림 4-12] Youden 지수에 근거하여 분류된 규준(criterion) 점수와 그에 따른 민감도, 특이도. 앞에서 규준은 44.40이고 이에 따른 민감도는 75.00, 특이도는 86.110이다.

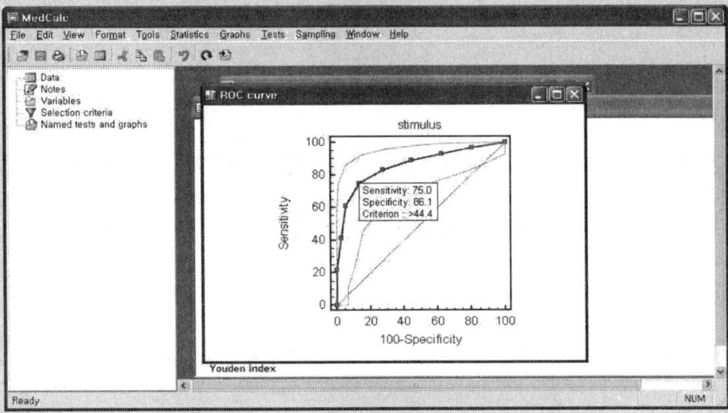

[그림 4-13] 최종 결과물로서의 ROC 곡선. ROC 분석 수행 도구 중 MedCalc가 가장 자세하고 편리한 출력물을 제공한다.

제5장

정상모음과 비모음의 음향적 구분(남성)

1. 연구의 목적
2. 음향변수
3. 피험자
4. 실험자료
5. 남성 데이터를 대상으로 한 비음성 판단

1. 연구의 목적

비모음은 인후강과 구강으로 이루어진 구강성도 시스템과 인후강과 비강으로 이루어진 비강공명 시스템, 두 가지의 역동적 과정에 의해 만들어진다(Maeda, 1993; Fujimura, 1962; Johnson, 2005). 일반적인 비음의 경우, 닫힌 구강공명이 비음의 스펙트럼에서 반공명이 되지만, 비모음의 경우는 비강의 공명이 반포먼트를 만든다.

그간의 문헌들을 참고하면, 비모음의 음향적 특징을 보여 주는 대표적인 요소는 모음 제1포먼트의 에너지 감소로 특징지어지는데(Delattre, 1954; Fant, 1960; Maeda, 1982; House & Stevens 1956; Stevens, 2000) 이는 비모음의 F1 영역에 나타나는 포먼트와 반포먼트의 상호작용의 결과로 나타나는 현상이며, 음향적으로는 대역폭이 증가하는 걸로 관찰된다(Johnson, 2005). F1뿐만 아니라 다른 주파수에서도 비강 포먼트, 구강 포먼트 그리고 비강 반포먼트 사이의 복잡한 상호작용으로 인해 대역폭이 넓어지는 것을 알 수 있다(Johnson, 2005). 또한 대략 1,000Hz 부근과 250~450Hz 부근에 또 다른 비음마루(nasal peak)을 도입하는 것으로 보고되어 있다(Chen, 1997).

Chen(1997)은 비모음화(vowel nasalization)을 정량화하기 위한 두가지의 음향상관물(acoustic correlates)을 제시하였는데, 하나는 A1(F1 amplitude)-P0(the amplitude of the nasal peak around

1st formant), 다른 하나는 A1-P1(the amplitude of the nasal peak around 950Hz)이다. 이 파라미터 값들은 비음성이 높을수록 낮게 나타난다고 보고되었다. 이러한 접근법의 문제점(혹은 어려움)은 A1, P0 그리고 P1의 정확한 위치를 찾기가 어렵다는 것이다. Chen(1997)의 연구는 비음과 비모음의 특징을 바탕으로 깔고 비모음의 음향 특징을 밝히는 새로운 파라미터를 제안한 것이다. 의미 있는 연구 결과임에는 틀림없으나, 전문가가 아니라면 측정이 어렵다는 단점이 존재한다. 따라서 대중화되기가 힘들어 보인다. 비모음에 대한 이 연구를 시작하는 주요 이유 중 하나는 공명장애와 관련된 과다비성을 음향적으로 손쉽게 측정하는 방식을 개발하고자 하는 것이라 할 수 있다.

상업적 영역에서 '비성도'는 [nasal E/(nasal E+oral E)]×100과 같은 공식을 이용하여 측정하는 나조미터(KAY_PENTAX)와 NasalView(Tiger)를 대표적으로 들 수 있다. 가장 대표적으로 사용되는 나조미터의 경우 300~750Hz 사이의 신호만 분석하는 대역통과 필터를 사용하는 것으로 설명되어 있다(Nasometer II manual, 2005). 따라서 300Hz 이하에서 발생하는 음향적 사건이나 750Hz 이상에서 발생하는 음향 이벤트는 당연히 포착하지 못한다.

Chen(1997)에서 살펴볼 수 있듯이, 만약 비음마루와 반포먼트의 영향이 200Hz 내외나 950Hz 근방에서 관찰된다면, 기존의 나조미터가 택한 대역통과 필터는 중요한 음향 특징을 간과

하고 측정을 한다는 결론에 도달하게 된다. 그럼에도 불구하고 매우 많은 문헌에서 나조미터를 이용하여 측정한 규준치를 제시하고 있다(Brunnegård & Doorn, 2008). 사용하기가 편하고 많은 사람들이 사용하고 있으며, 특별하게 단점이 느껴지지 않기 때문일 것이다.

한국어의 비음은 일반적인 언어들과 마찬가지로, 양순, 치조, 연구개 비음의 세 가지가 있다(/n, m, ŋ/). 그러나 불어와 같이 음운론적인 기능을 하는 비모음은 없다. 음성적으로 발화위치에 따라(비음 앞 혹은 비음 뒤) 비성이 그리 심하지 않은 약한 비모음으로 실현된다(성철재, 1996; 박한상, 2004).

이 연구의 목적은 한국어 데이터를 대상으로 하여, 발화위치에 따라 비음화된 모음의 특징을 일반적인 연장 발화 모음의 음향 특징과 구분해 주는 음향상관물을 찾는 것이다. 비음화된 모음의 특징을 Delattre(1954), Chen(1997)과 Johnson(2005), Stevens(2000)를 바탕으로 정리해 보면 제1조화음(1st harmonic) 영역에너지의 증가, 포먼트 범위의 증가, Chen(1997)이 언급한 300, 950Hz 주파수 근방에서의 에너지 증가 그리고 반포먼트 효과로 인한 전 주파수 대역에너지의 하강 및 불규칙한 에너지 분포로 요약된다.

비음화된 모음은 음성장애 영역에서 청각장애나 구개파열에서 비롯되는 과다비성의 개념을 공유한다. 결국 정상그룹과 과다비성 간 비음성의 정도를 헤드기어가 요구되는 비성도만으로 측정하는 것보다, 다양한 파라미터를 이용한 음향의 연관성을 제시함으로써 언어치료사나 학자들이 좀 더 쉽게 공명장애를 연구하고 진단할 수 있어야 한다는 필요성이 제기된다. 조금 더 구체적으로 얘기한다면, 나조미터와 같은 고가의 하드웨어 장비가 필요 없이 녹음기와 PC만 가지고도 분석을 할 수 있는 음향 파라미터가 필요하다는 것이다.

즉, 주파수 영역의 측정 범위를 기존의 나조미터와 달리 한 다음 비음성에 관련될 만한 음향 파라미터를 새롭게 고안해 보려는 것이다. 기존의 잘 알려진 음향 파라미터도 수용하고 그와 더불어, 새로운 개념으로 고안된 파라미터도 포함해서 그 파라미터들의 유용성을 검토할 것이다. 음향 파라미터의 신규 설계에 있어 주요 지침이 될 사항은 주파수 영역의 파라미터 측정 구간을, 기울기 값이 0Hz에서부터 상승하기 시작하다가 다시 하강하기 시작하는 변곡점(breakpoint)까지의 의미 있는 부분만을 측정 영역에 포함시키고자 하는 것이다.

2. 음향변수

이 연구에서는 비모음을 특징지을 수 있는 새로운 음향 파라미터를 찾아보기 위한 시도에서 다음과 같은 몇 가지 음향 파라미터를 실험적으로 제시해 볼 것이다. 가설적으로 설정된 다수의 파라미터들은 통계 과정을 거쳐 소수 정예부대만 선발될 것이다.

- 먼저 0Hz에서 제1포먼트 근처의 에너지가 가장 높게 측정되는 주파수(matchF$_0$)까지의 기울기(slopeZtoMax: 실제 파워 스펙트럼을 대상으로 x축의 주파수 값과 그에 대응하는 y축의 에너지 값을 이용하여 구하는 선형회귀 기울기 값, Rao, 1973)를 파라미터로 설정해 보았는데, 기울기는 ① 파워 스펙트럼의 주파수와 그에 대응하는 에너지 값을 직접 대응하여 만든 기울기([그림 5-1]), ② 파워 스펙트럼을 대역폭 10Hz의 bin 값을 사용하여 장구간 스펙트럼 객체(LTAS)로 변환한 뒤 앞의 범위를 측정한 LtasSlope로 구분된다. 이 파라미터는 통상 음원 스펙트럼(source spectrum)에 대한 기울기(tilt)를 측정할 때와 같은 역여과(inverse filtering) 단계를 거치지 않고 구한다. 이와 더불어 0Hz에서 matchF$_0$까지의 에너지 전체 총합을 sumE로 명명하여 변수화한다.
- [0-matchF$_0$] 구간 내의 에너지 분포에 관련된 왜도(skewness)와 첨도(kurtosis) 등이 음향변수(acoustic correlates)로 거론될 수 있다(Forrest et al., 1988). 적률(momentum) 분석이 통계에 적용될 경우, 평균값에서부터 출발하여 분산(2차 중앙적률) 왜도(3차 중앙적률) 그리고 첨도(4차 중앙적률)로 구분된다(Kenney & Keeping, 1962). 왜도는 자료의 분포 모양이

평균을 중심으로, 어느 쪽으로 치우쳐 있는가 하는 경향의 척도로서 그 값이 0보다 크면 좌측편포, 적으면 우측편포한다고 구분한다. 첨도는 자료의 중앙집중 정도를 나타내는 척도로서, 0보다 크면 뾰족하고, 적으면 평평하다고 판단한다. 이 연구에서는 무게중심(center of gravity: centroid)도 예비 파라미터로 동원한다. 특정 주파수 영역에서의 에너지 무게중심에 해당하는 주파수를 말한다.

- 음원 스펙트럼의 특성을 가장 잘 보여 주는 h1-h2(첫 번째 조화음 에너지-두 번째 조화음 에너지)와 스펙트럼 기울기(slope로 코딩). 사운드 객체는 피험자의 성별과 나이에 따라 재표본추출율(resamling rate)을 10,000~12,000Hz까지 선별적으로 적용한다. 재표본추출된 사운드 객체는 LPC 분석과정을 거쳐 필터 특성을 분리한 뒤 역여과 과정을 거친다. 역여과된 사운드 객체를 대상으로 고주파수 감폭(deemphasis) 과정을 거쳐 성문음(glottal sound) 객체를 얻은 뒤 모음 안정 구간의 가운데 지점을 기준으로 좌우 5개 프레임을 취한다(30ms Gaussian window, step=15ms). 이를 대상으로 빠른 푸리에 변환(FFT)을 적용한다. 결과적으로 한 개의 사운드 객체당 5개의 음원 스펙트럼을 얻게 된다. h1-h2와 기울기는 이 음원 스펙트럼을 대상으로 구하게 된다.
- h1-h2는 스펙트럼에서 첫 번째 조화음과 두 번째 조화음

의 상대적인 진폭 차다. 음원 스펙트럼을 스펙트럼티어 객체로 변형하게 되면 2개의 열(주파수와 에너지)로 이루어진 피크-선별(peak picking) 테이블을 얻을 수 있다. 피크-선별 테이블의 첫 번째 조화음 주파수(harm 1)와 이미 구해진 기본 주파수(F_0)와의 오차를 최소한으로 줄이기 위하여 벡터열 중에서 F_0와 가장 가까운 값만 선택하는 절차를 거쳐 이 값과 상응하는 pow(dB/Hz) 값을 h1 값으로 선택한다. 첫 번째 조화음을 두 배한 결과와 F_0를 두 배한 결과에 가장 가까운 값을 선택하도록 하여 두 번째 조화음 주파수를 결정하고, 이 값에 상응하는 pow(dB/Hz) 값을 h2 값으로 선택한다. 이렇게 생성된 두 값의 차이가 h1-h2다. 이러한 알고리즘의 기본적 아이디어는 최은아와 박한상(2010)과 동일하다. 이 값을 30ms 프레임(frame)을 이용하여 구한 5개 프레임별 계산수치의 총합을 프레임 개수로 나누어 준 것(mean value)이 h1-h2다.

- 음원 스펙트럼의 기울기를 구하는 기본 알고리즘은 다음과 같다. 선형회귀선을 구성하는 x변수, 즉 스펙트럼티어 객체 테이블의 주파수 벡터열을 한 자리 숫자로 만들기 위하여 미리 구한 F_0 값으로 나눈다. x축을 로그 스케일로 변형한 뒤 각 x값과 그에 상응하는 에너지 값을 이용한 선형회귀 기울기를 구한다. 스펙트럼 기울기는 스펙트럼에서 한 옥타브 증가에 따른 조화음 진폭 감소 비율을 의미한

다. 말소리의 경우 주파수가 두 배 증가할 때마다(즉, 1옥타브 증가마다) 음원 스펙트럼의 진폭은 약 -12dB의 비율로 감소한다(-12dB/oct). 기울기가 상대적으로 급한 경우에는 고주파수 에너지가 빈약한 것이므로 상대적으로 적은 노력으로 발성했음을 의미한다. 고주파수 에너지가 강화되어 기울기가 상대적으로 완만하다는 것은 발성에 노력을 기울였음을 말한다. 즉, 과노력 발성을 의미한다(Pickett, 1999).

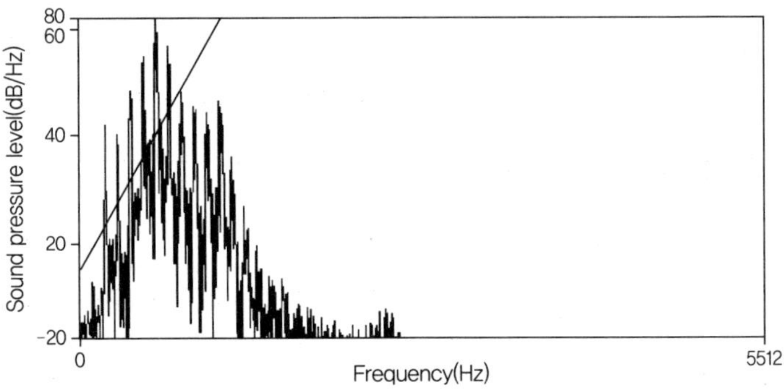

[그림 5-1] Nyquist 주파수 5512Hz 범위에서의 스펙트럼과 [0-maxdB point] 기울기.

3. 피험자

남녀 각각 20명씩이 참여하였으며 20대에서 40대까지 분포되어 있다. 조음에 관련된 아무런 문제점이 없으며 청각적으로도 문제가 없는 사람들로 선택하였다. 현재 충남대학교 교수와 언어학과 및 언어병리학과 재학생들로 구성되었다.

4. 실험자료

/아/ 연장 발화를 남성 20명과 여성 20명 각각 3회씩 녹음하였으며, 녹음된 내용 중 문제가 있는 경우는 분석에서 제외하였다. 한국어 모음 목록 중 모음 사각도의 구석 모음에 속하는 /이, 에, 아, 오, 우/를 발화하게 하였고, 그중에서 /아/ 모음만을 선택하였다. 골라낸 /아/ 모음의 안정 구간(steady state) 325msec를 Praat 스크립트로 추출하였다. 추출된 모든 자료는 개별 사운드 파일(*.wav file)로 저장하였다. 분석에 사용된 음성파일의 수는 다음과 같다. /아/ 연장 발화(normal) 여성 59, 남성 60.

5. 남성 데이터를 대상으로 한 비음성 판단

대략적인 전체 연구의 순서와 팁을 제시하면 다음과 같다.

- 피험자 20명으로부터 연장 모음 /a/(sustained_a)를 녹음한다(20×3회 녹음=60 tokens).

- 전문 언어치료사들이 비음성의 정도를 지각적으로 평가한다(청지각 평가).
- 음성 분석 프로그램 Praat(ver. 5.2.35)을 이용하여 여러 가지 음향변수를 측정한다.
- SPSS(ver. 13, Eng)와 R을 이용하여 통계를 수행한다(Logistic Regression).

1) 데이터 분석

- 나조미터를 이용한 비성도 분석을 제외한 나머지 음향변수는 Praat을 이용하여 측정되고, 계산된다.
- 데이터는 Praat으로 분석된 후 결과값이 텍스트 파일로 저장된 다음, SPSS에서 텍스트 파일 읽기를 이용하여 자동 변환된다.

SPSS 데이터 파일의 구조는 다음과 같다. 첫 번째 열(file)은 사운드 파일에 대한 id의 역할을 하고 있고, 두 번째 열(nasality)은 비음성 지각과 관련된 코딩(1=normal, 2=abnormal)을, 세 번째 열(gender)은 성별, 네 번째 열(person)은 피험자(subject) 정보, 다섯 번째 열(repetition)은 한 피험자가 반복한 횟수(=3회 반복), 여섯 번째 열(iframe)은 한 파일에서 추출된 프레임 순서와 개수(=5회 반복)를 말해 준다. 파일 번호를 통하여 이와 같은 정보를 유추할 수 있다(예를 들어, if fileName=22173: nasality=2, gender=2, person=17, repetition=3).

남성 피험자는 총 20명이 참여했으며, 청지각 평가 결과 정상 지각과 비정상 지각(엄밀히 표현하면, 비성이 느껴지는) 집단으로 구분하였다. 정상 지각이 된 그룹은 피험자 4, 6, 7, 8, 9, 10, 13, 18, 19, 20을 포함하며, 비정상 지각 그룹은 피험자 1, 2, 3, 5, 11, 12, 14, 15, 16, 17을 포함한다. 이 내용은 제3장의 청지각으로 구분된 자료와 동일하다.

연구에서는 하나의 사운드 파일에서 5개씩의 프레임 단위(=30 ms, step size=15 ms)로 시간 영역을 구분하여 개별 분석단위로 삼았다. step size가 프레임 단위의 반에 해당하므로 총 분석 길이(stretch)는 90ms가 된다. 5개의 프레임이 겹치는 부분이 없이 존재한다면 총 분석길이는 150ms(30×5)가 될 것이다. 그러나 한 프레임 분석이 끝나고 15ms를 그 프레임에 겹친 상태에서 다시 30ms 분석 프레임 구간을 취하는 것이므로(즉, step size=15ms), 겹치는 부분이 없다는 가정 아래 구한 150ms에서, 겹침이 이루어진 총 60ms(15×4) 만큼을 덜어 내어야 90ms라는 숫자를 얻게 된다(150−60=90).

프레임 단위로 시간영역(time domain)을 구분 짓기 위하여 Praat의 Extract part... 동적 메뉴를 이용하였다. 다음 화면은 프레임 단위 분석 구간을 구분 짓기 전의 상태를 보여 준다. 모든 사운드 파일은 325ms 길이로 분절되고 /a/로 레이블링되었다([그림 5-2] 참고). 325ms 구분은 스크립트 작업으로 이루어졌는데, 알고리즘과 생성 과정은 다음의 [쉬어가기]를 참고하자.

쉬어가기

325msec 분절 및 레이블링 자동으로 하기

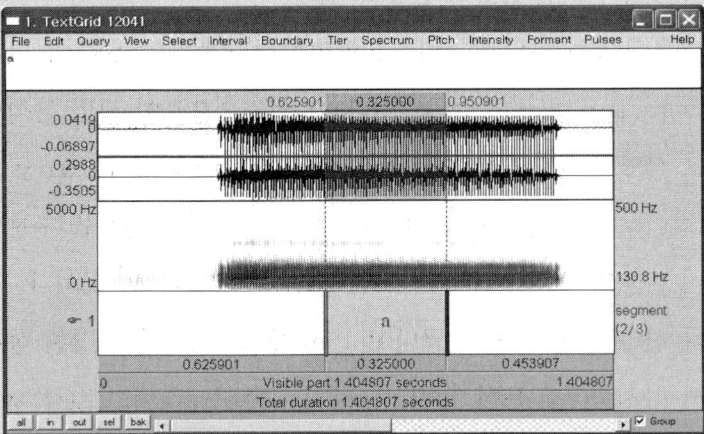

[그림 5-2] 연장모음 /아/의 325ms 분절 및 레이블링

분석작업에 참여하는 모든 사운드 파일을 일정 규격으로 재단하는 작업은 시간과 노력 봉사의 관점에서 그리 녹록치 않다. 에디터의 메뉴, 명령어들을 이용하여 일정 지속시간만큼을 분절하고 레이블하는 작업을 할 수는 있겠으나,

작업파일의 개수가 많아지면 그 단순무식한 노동 때문에 정작 중요한 창의적 작업에 대한 의욕이 꺾이게 되는 것이 다반사다.

이 연구에서 활용된 것과 같이 연장 발성(sustained phonation)된 모음 하나를 연구 대상으로 할 경우 일단은 신호가 있는 부분과 없는 부분을 가르는 정도의 1차적 초벌 작업을 하는 것이 이후의 작업 진행을 위하여 편리하다. 이 작업을 위하여 [To TextGrid(silences)...] 메뉴를 활용한다. 객체창(object window) 오른쪽 동적 메뉴(dynamic menu) 중 Annotate-하부에 이 명령이 들어 있다. 객체창에서 사운드 객체를 선택하고 [To TextGrid(silences)...] 명령을 수행하면 다음과 같은 '대화상자'가 뜬다([그림 5-3]).

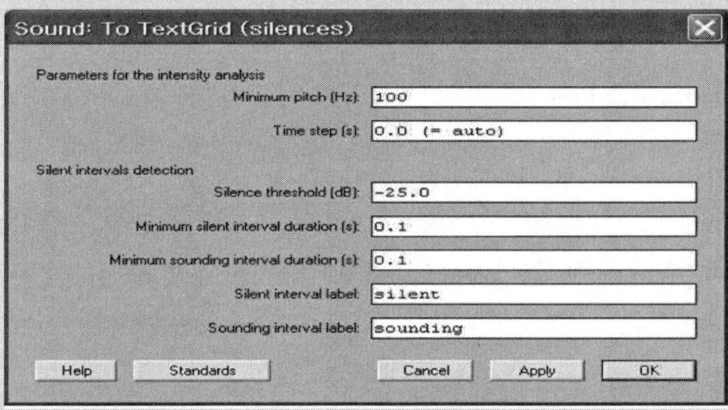

[그림 5-3] TextGrid(silences) 입력 화면

이 상자의 Silent interval label을 빈칸에 남기고, Sounding interval label 박스에 'a'를 쳐 넣은 뒤 [ok] 하면 텍스트그리드 객체(TextGrid untitled)가 생성된다. 사운드와 텍스트그리드 객체를 동시에 선택한 뒤 [View & Edit]을 클릭하면 텍스트그리드 에디터가 생성된다. 다음은 여기까지 이르는 과정의 핵심 부분만 스크립트로 나타내 본 것이다. 그 다음 그림은 생성된 텍스트그리드 에디터 작업화면이다([그림 5-4]).

```
Read from file... K:₩nasal_acoustic₩12041.wav
To TextGrid (silences)... 100 0 -25 0.1 0.1 "" a
Rename... 12041
select Sound 12041
plus TextGrid 12041
View & Edit
```

이어서 이 텍스트그리드 에디터의 정보를 최대한 활용하여 우리가 목적하는 325ms 구간만큼을 다시 분절하는 과정을 거쳐야 한다. 주요 알고리즘은 다음과 같다.

• 사운드 파일과 기작업된 텍스트그리드 파일을 객체창에

부른다.

- /a/로 레이블링된 구간(interval)만 객체창에 불러온다.
- /a/ 구간길이의 반에 해당하는 지점에서 좌우 162.5msec 씩 되는 시간값을 계산한다.
- 그 시간 포인트에 경계(boundary)를 삽입한다.
- 원래의 텍스트그리드에도 2개의 경계가 있었으므로, 그 경계를 없앤다.

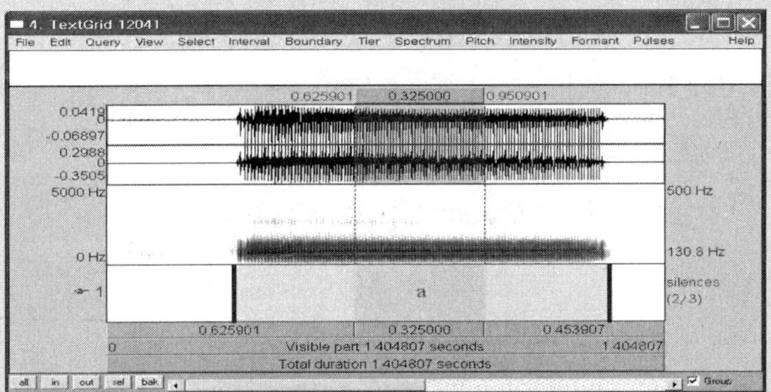

[그림 5-4] TextGrid(silences) 출력 결과. /a/로 자동 레이블링되었다.

이 과정을 스크립트로 표현하면 다음과 같다.

```
Read from file... K:₩nasal_acoustic₩12041.wav
Read from file... K:₩nasal_acoustic₩12041.TextGrid
```

```
select Sound 'fileName$'
plus TextGrid 'fileName$'

Extract intervals where... 1 yes "is equal to" a
duration=Get total duration
dur=duration * 1000
dur_half=duration/2
start=Get start time
end=Get end time
dur_half_point=start + dur_half
start_new_Bnd=dur_half_point - 0.1625
end_new_Bnd=dur_half_point + 0.1625

select TextGrid 'fileName$'
Replace interval text... 1 2 2 a "" Literals
Insert boundary... 1 'start_new_Bnd'
Insert boundary... 1 'end_new_Bnd'

Remove left boundary... 1 2
Remove right boundary... 1 3
Set interval text... 1 2  a
```

이렇게 생성된 325ms의 가운데 부분에서 30ms 길이를 가진 프레임 5개를 추출한다.

2) 통 계

주요 통계 과정은 다음의 과정을 거쳐서 이루어진다.

- 전체 음향변수(11 개)를 대상으로 t-검정을 실시한다(독립변수: 비음성 판단).
- t-검정 결과 유의한 변수로 밝혀진 변수를 대상으로 정규성 검정을 시행한다. → 종속변수들이 정규성 검정을 통과하지 못하므로, 엄격한 정규성 가정을 요구하는 판별 분석(discriminant analysis)을 적용하지 않고, 로지스틱 회귀분석으로 선회한다.[1)]
- 데이터를 반으로 분할한다. → 한쪽 집단은 2개의 집단(normal vs. abnormal(vowel with nasality perception)을 분별할 수 있게 하는 회귀방정식을 구하는 근간이 되는 쪽이고

---

1) 중심극한정리에 따르면 토큰 수 30개를 넘는 데이터의 경우 정규성 검정은 생략하는 것이 통계의 묵시적 과정이다. 이 연구는 프레임 단위 측정값을 이용하므로 30개를 넘는 자료를 사용하는 경우에 해당된다. 따라서 판별 분석을 적용해도 되는데, 언어치료 현장에서의 상황을 감안하면 정규성 가정을 처음부터 요구하지 않는 로지스틱 회귀분석을 적용하는 것이 더 바람직하다고 볼 수 있다.

(훈련 데이터), 나머지 집단은 그 방정식을 이용하여 어느 정도의 확률로 두 집단을 분할할 수 있는지 집단구분 능력의 테스트베드(실험 데이터)로 기능한다.

- 유효 변수들 사이의 다중공선성(multicollinearity)을 체크하기 위한 다중회귀분석을 실시한다.
- 공차한계(tolerance)와 분산팽창요인(VIF) 값을 이용하여 다중공선성 제약을 통과하는 변수들을 선정한다.
- 이 변수들을 이용하여 로지스틱 회귀분석을 실행한다.
- 회귀방정식의 계수들을 이용하여 로짓과 두 집단의 구분 확률값을 계산한다.

3) 5개 음향변수를 이용한 남성 데이터 검정

t-검정 시행 결과 비성도를 제외한 총 11개의 음향변수 중 3개 변수(h1, h2, h1-h2) 외 8개 변수에서 통계적으로 유의한 차이가 관찰되었다. 변수 중 nasalance는 (앞에서도 언급했듯이) 나조미터를 통해 좌/우 2 채널로 입력된 신호(nasal & oral air flow, respectively) 에너지를 Praat에서 계산한 것이다(즉, Praat으로 측정한 비성도). 연구의 목적에서도 언급했듯이 비성도 변수는, 기존의 연구에서, 나조미터 혹은 NasalView 등을 이용하여 측정되어야만 하는 고가의 투자를 요구하는 변수다. 연구에서 등장하는 다른 음향변수들이 서로 협동하여, 이 고가의 변수를 대

체할 수 있는 방법을 찾는 것이 이 연구의 지향점이라 할 것이다. 다음에 변수들의 기술통계와 t-검정 결과를 제시한다(〈표 5-1〉 〈표 5-2〉).

〈표 5-1〉 남성 데이터를 대상으로 한 12개 음향변수(비성도 포함)의 두 집단 기술통계(참고: 비성도는 Praat으로 측정한 값이다)

Group Statistics

	nasality	N	Mean	Std. Deviation	Std. Error Mean
h1	normal	150	28.01533	5.172134	.422303
	abnormal	150	26.34333	12.017646	.981237
h2	normal	150	43.36467	3.350311	.273552
	abnormal	150	42.39733	5.541351	.452449
h1h2	normal	150	-15.34200	2.427811	.198230
	abnormal	150	-16.05267	7.995189	.652804
slope	normal	150	-2.81829	.368016	.030048
	abnormal	150	-2.19731	.640429	.052291
slopeZtoMax	normal	150	2.33911	.371208	.030309
	abnormal	150	2.54079	.513221	.041904
ltasSlope	normal	150	14.75898	3.226939	.263478
	abnormal	150	16.27003	4.740918	.387094
matchF0	normal	150	692.68000	63.568208	5.190322
	abnormal	150	600.79333	99.146173	8.095251
sumE	normal	150	168.64930	23.299840	1.902424
	abnormal	150	164.97969	44.437664	3.628320
skewness	normal	150	.48375	.545841	.044568
	abnormal	150	1.34485	1.654812	.135115
kurtosis	normal	150	3.39650	2.040503	.166606
	abnormal	150	8.64845	18.692882	1.526267
centroid	normal	150	677.57537	36.332075	2.966501
	abnormal	150	653.34033	45.404211	3.707238
nasalance	normal	150	44.26133	2.347137	.191643
	abnormal	150	45.29900	2.341947	.191219

〈표 5-2〉 남성 데이터 t-검정 결과. 비성도 변수는 로지스틱 회귀분석의 독립변수로 사용되지 않는다(음영 처리된 변수는 통계적으로 유의한 변수).

	t	df	Sig. (2-tailed)
h1	1.5651718	298	0.118603902
h2	1.8295883	298	0.068310516
h1h2	1.0416697	298	0.298409204
slope	-10.29656	298	1.80026E-21
slopeZtoMax	-3.899583	298	0.000119111
ltasSlope	-3.226973	298	0.001390442
matchF0	9.5553392	298	4.78477E-19
sumE	0.895721	298	0.371124726
skewness	-6.052344	298	4.28196E-09
kurtosis	-3.420724	298	0.000711761
centroid	5.1042367	298	5.92934E-07
nasalance*	-3.832924	298	0.000154488

이 8개 변수를 대상으로 샤피로-윌크 정규성 검정을 시행한 결과 모든 변수가 귀무가설(H0)을 기각하므로 데이터는 정규분포를 보이지 않는다는 결론을 얻는다(〈표 5-3〉). 정규성 유무에 상관없이 이 연구에서는 로지스틱 회귀분석을 사용할 것이다.

〈표 5-3〉 남성 데이터를 대상으로 조사한 샤피로-윌크 정규성 검정 결과

		Kolmogorov-Smirnov[a]			Shapiro-Wilk		
	nasality	Statistic	df	Sig.	Statistic	df	Sig.
slope	normal	.108	150	.000	.945	150	.000
	abnormal	.146	150	.000	.930	150	.000
slopeZtoMax	normal	.070	150	.066	.967	150	.001
	abnormal	.075	150	.040	.966	150	.001
ltasSlope	normal	.111	150	.000	.958	150	.000
	abnormal	.168	150	.000	.891	150	.000
matchF0	normal	.115	150	.000	.955	150	.000
	abnormal	.186	150	.000	.841	150	.000
skewness	normal	.050	150	.200*	.979	150	.022
	abnormal	.334	150	.000	.603	150	.000

kurtosis	normal	.109	150	.000	.921	150	.000
	abnormal	.427	150	.000	.446	150	.000
centroid	normal	.081	150	.018	.951	150	.000
	abnormal	.141	150	.000	.933	150	.000

*. This is a lower bound of the true significance.

a. Lilliefors Significance Correction

쉬어가기

샤피로-윌크 정규성 검정 시행법(SPSS)

descriptive → explore 실행 결과 화면은 다음과 같다.
음향변수를 종속변수(dependent)에, 비음성 구분 변수를 독립변수(factor)에 입력한다([그림 5-5]).
정규성 분포 확인을 위한 히스토그램 옵션과 [normality plots with test]를 선택한다([그림 5-6]).

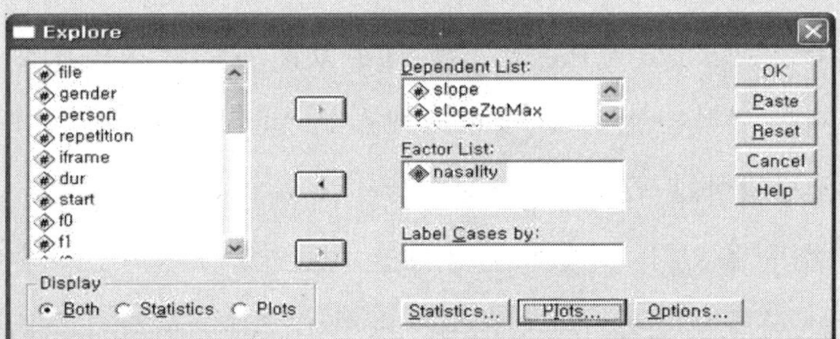

[그림 5-5] SPSS에서 descriptive/explore를 선택한 후 변수 입력한 화면

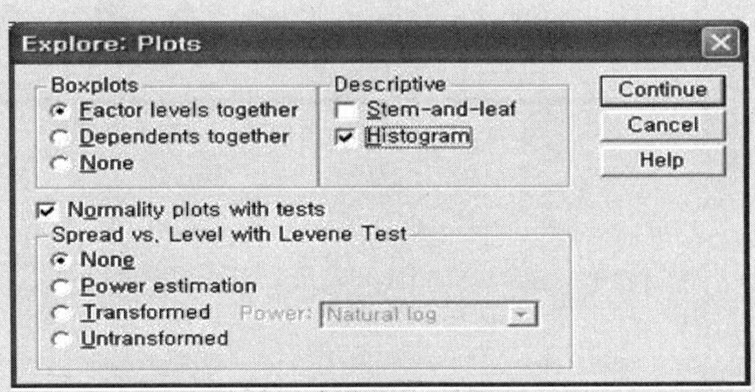

[그림 5-6] 'plots' 하위 메뉴. 정규성을 알아보기 위해서는 'normality plots with tests' 항목에 체크를 하여야 한다.

로지스틱 회귀분석을 실시하기 전에 변수들의 다중공선성을 미리 검사하여 상관관계가 지나치게 높은 변수는 제거하는 절차를 거쳐야 한다. 로지스틱 분석이 판별분석처럼 종속변수군을 구분하는 역할을 수행하지만, 독립변수를 다루는 방식은 일반 중다회귀분석과 비슷한 절차를 밟기 때문이다.

다중공선성은 독립변수가 셋 이상 있을 때 그들 사이의 상관관계를 말하는 용어다. 중다회귀분석(multiple regression)에서 회귀방정식에 포함된 독립변수들은 서로 높은 상관관계를 가질 경우가 있다. 이렇게 되면 개별 독립변수가 종속변수에 미치는 독자적 영향력이 반영되지 못할 수 있다. 따라서 독립변수들 간의 높은 상관관계(일반적으로 r〉.8 또는 .9 이상)는 공선성을 판단하는 지표가 된다. 다중공선성의 점검은 공차한계와 분산팽창요인을 살펴봄으로써 가능하다. 일반적으로 공차한계는 0.1~0.3 이하, 분산팽창요인은 10 이상이면 다중공선성에 문제가 있다고 한다(Hocking & Rendeltion, 1983; Kutner, Nachtsheim, & Neter, 2004). 우리의 자료에서 공차한계와 분산팽창요인은 〈표 5-4〉와 같이 나타났다. 기준에 따르면 공차한계의 경우, 변수 skewness(0.103), kurtosis(0.121)가 문제가 있는 것으로 짐작되며, 짝을 이룬 분산팽창요인은 각각 9.668, 8.255로 (비록 임계값인 10을 넘지는 않았지만……) 위험 수치에 근접했음을 알 수 있다. 이를 바탕으로 다음 단계인 로지스틱 회귀분석에서는 이 두 변수를 제외하기로 결정한다.

〈표 5-4〉 다중공선성 판단을 위한 공차한계와 분산팽창요인/남성 자료

Coefficients [a]

Model		Unstandardized Coefficients		Standardized Coefficients	t	Sig.	Collinearity Statistics	
		B	Std. Error	Beta			Tolerance	VIF
1	(Constant)	5.157	.435		11.861	.000		
	slope	.380	.037	.461	10.282	.000	.694	1.440
	slopeZtoMax	.073	.061	.067	1.204	.230	.455	2.198
	ltasSlope	-.062	.007	-.511	-8.830	.000	.416	2.403
	matchF0	-.003	.000	-.630	-9.408	.000	.311	3.210
	skewness	.215	.045	.560	4.823	.000	.103	9.668
	kurtosis	-.010	.004	-.266	-2.476	.014	.121	8.255
	centroid	.000	.001	.012	.206	.837	.409	2.445

a. Dependent Variable: nasality

쉬어가기

다중공선성을 파악하기 위한 선형 회귀분석 과정(SPSS)

[Analyze] → Regression → Linear...

비음성을 종속변수(dependent), 음향변수들을 독립변수(independent)로 옮긴다([그림 5-7]).

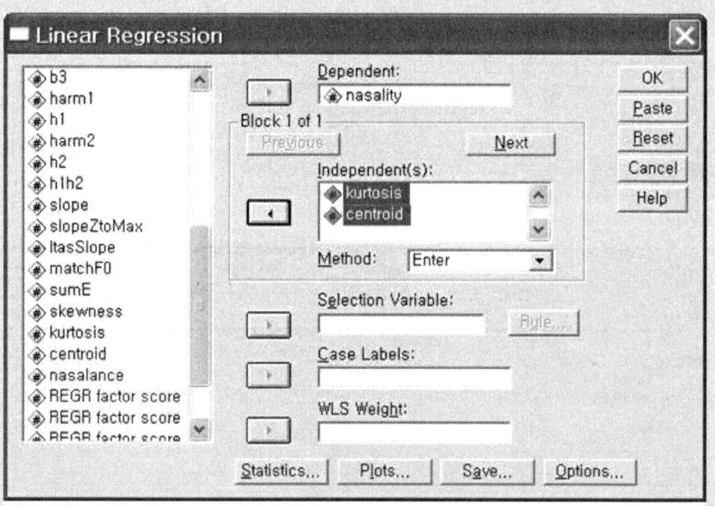

[그림 5-7] 선형 회귀분석 첫 화면(다중공선성 파악용)

이어서 [statistics...]를 클릭하고 [collinearity]을 체크한다([그림 5-8]).

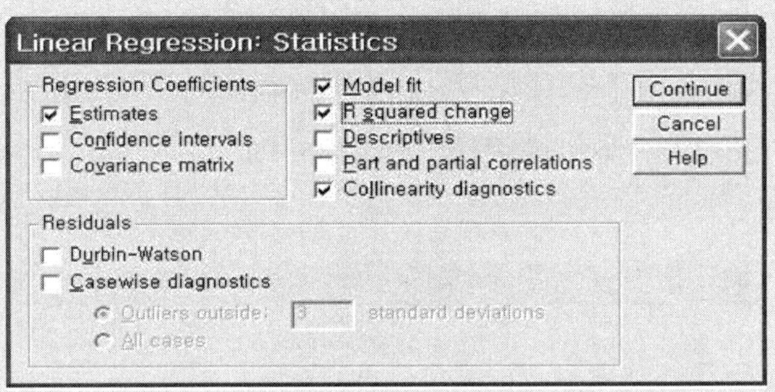

[그림 5-8] 통계량 화면. [Collinearity diagnostics]를 체크한다.

[Plots...]를 클릭한 뒤에 표준화 예측값(ZPRED)을 x축, 표준화 잔차(ZRESID)를 y축에 입력한다. 히스토그램과 정규확률 도표를 선택한다([그림 5-9]).

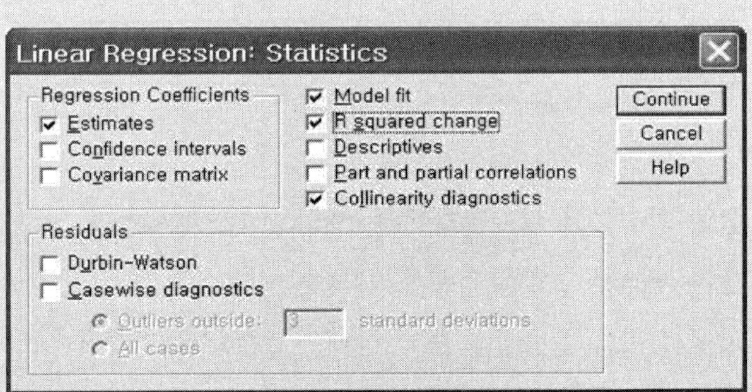

[그림 5-9] 표준화 예측값과 표준화 잔차를 각각 x축, y축에 입력하는 화면

이어서 [Save]를 선택한다. 표준화하지 않은 예측값을 새로운 변수로 지정하기 위해서는 'Predicted values'의 [unstandardized]를 체크한다([그림 5-10]).

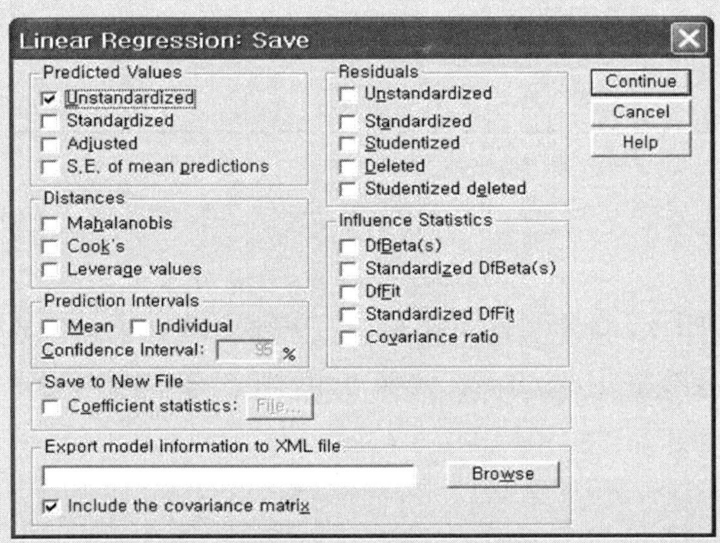

[그림 5-10] [Save] 선택하여 'Predicted values'의 [unstandardized] 체크

선형 회귀분석 대화상자에서 [Options]을 선택한다. 초기 상태(default) 그대로 적용한다([그림 5-11]).

선형 회귀분석 방법을 초기 상태인 [Enter]로 선택한다([그림 5-12]). 공차한계와 분산팽창요인을 한꺼번에 다룰 수 있기 때문이다. 결과표는 앞에 제시하였다(〈표 5-3〉).

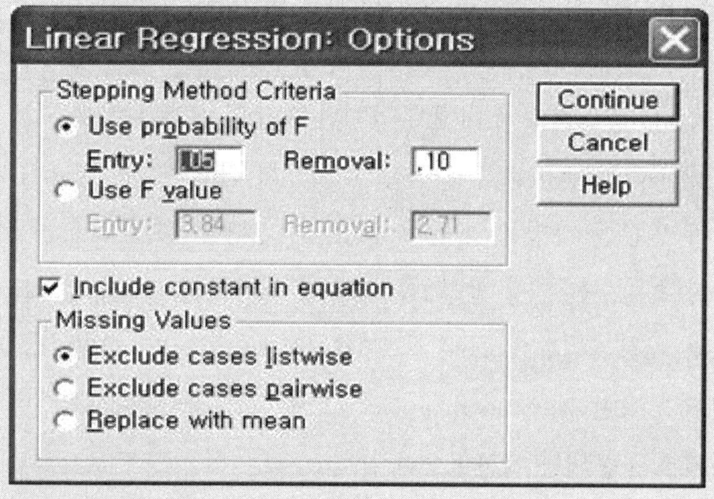

[그림 5-11] [Options] 선택 화면

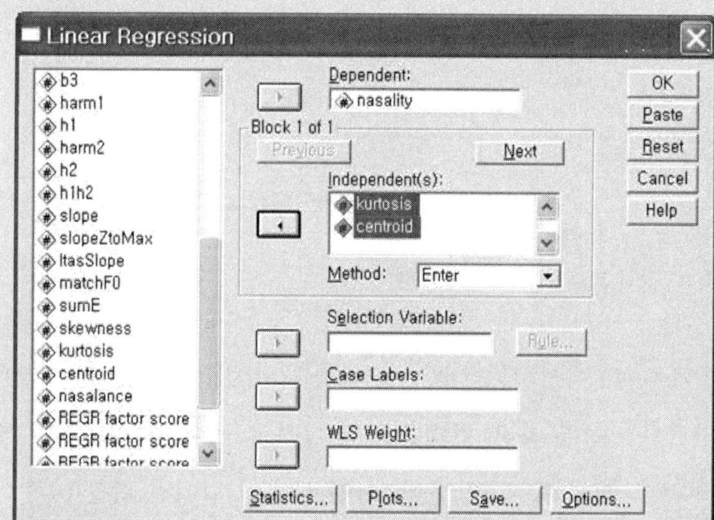

[그림 5-12] 선형 회귀분석 방법 [Enter]로 선택

로지스틱 회귀분석은 종속변수가 이분변수(binary variable)다. 이 점에서 종속변수가 양적 변수인 일반 회귀분석과 차이가 난다. 종속변수에 대해서 엄격한 정규성 가정과 등분산 가정을 중시하는 판별분석과 달리, 로지스틱 회귀분석은 정규성 가정과 등분산 가정을 요구하지 않는다(성태제, 2011). 이 연구에서 종속변수는 연장 발성 [아] 모음의 청지각 결과, ① 정상모음으로 지각된다(as normal/스크립트에서 nasality=1로 코딩), ② 비성이 느껴진다(as abnormal/스크립트에서 nasality=2로 코딩) 이 두 가지로 구분되는 이분변수다.

로지스틱 회귀분석은 회귀방정식으로 다음과 같은 등식을 제안한다. 여기서 로그는 밑수로 e[exponential(오일러 상수), 자연상수 e=2.71828182845904)]를 취하는 자연로그다.

$$log \frac{p}{1-p} = \beta_0 + \beta_1 x_1 + \beta_2 x_2 + \ldots + \beta_k x_k \qquad \langle 식\ 5\text{-}1 \rangle$$

〈식 5-1〉에서 좌변의 $\frac{p}{1-p}$를 승산비(odds)라고 하는데 log(자연로그)가 붙은 형태를 logit이라고 표현하기도 한다. 승산비는 식에서 알 수 있듯이, 어떤 사건이 일어날 확률(p)과 일어나지 않을 확률(1-p)의 비다. 예를 들어, 우리가 다루고 있는 /아/ 연장모음이 비음으로 지각되는 경우의 확률(p)이 30/50이고, 정상모음으로 지각되는 경우의 확률(1-p)이 20/50이라고 하면 승산비는 30/20, 즉 3/2이 된다. 승산비는 다음과 같이 지수(exponential)의 형태로 표현된다(〈식 5-2〉).

$$\frac{p}{1-p} = e^{\beta_0 + \beta_1 x_1 + \beta_2 x_2 + \ldots + \beta_k x_k} \quad \text{〈식 5-2〉}$$

이 식에서 좌변을 p(확률값)로 놓고 방정식을 정리하면 다음과 같이 나타낼 수 있다(〈식 5-3〉).

$$P = \frac{e^{\beta_0 + \beta_1 x_1 + \beta_2 x_2 + \ldots + \beta_k x_k}}{1 + e^{\beta_0 + \beta_1 x_1 + \beta_2 x_2 + \ldots + \beta_k x_k}} \quad \text{〈식 5-3〉}$$

결론적으로 회귀방정식(logit)을 구하게 되면 앞의 확률값을 계산할 수 있게 된다. 이 확률값은 0과 1 사이에서 움직이게 되고 0.5를 기준으로 하여 목적하는 두 그룹을 구분할 수 있게 하는 근거가 된다. 우리의 관심은 실험 데이터의 절반을 이용하여 구한 회귀방정식이 나머지 절반의 데이터에서 어느 정도의 작동 성능을 보이는가 하는 것이다. 회귀방정식 계수를 구할 훈련 데이터에서의 분류 정확도(%)보다 실험 데이터로 사용될 나머지 절반에서의 분류 정확도는 당연히 급격히 떨어질 것이 예상되지만, 이러한 절차를 통해 우리가 설정한 음향변수의 가치와 회귀방정식의 가치를 평가할 수 있게 될 것이다.

정상 그룹과 비성 그룹은 0과 1 사이에서 0.5를 기준으로 하여 이 값보다 크거나 적을 경우 확률값을 이용하여 가를 수 있다. 회귀방정식의 결과값인 로짓 변환(logit transform)을 이용하여 확률값을 구하고, 이를 0.5를 기준값으로 하여 이 값과 비교한 확률값의 대소를 분류의 지침으로 삼았다.[2] 예컨대 특정의 남성 A가 발화한 정상모음 데이터의 음향변수값 5개를 독립변수로 하여 회귀방정식에 투입하고 로짓변환을 한 결과 확률값이 o.93이 나왔다고 하면 이 값은 0.5보다 크므로 비성 그룹으로 분류가 되며, 만약 0.27 정도가 나와서 기준값 0.5보다 작다고 하면 정상모음으로 분류를 하는 방식이다.

로지스틱 회귀분석의 종속변수에 남성 데이터 절반의 훈련 데이터(former_Half로 코딩, 〈표 5-5〉)로 이루어진 2개의 그룹(정상모음 지각 vs. 비성모음 지각)을 입력하고 공변량(covariates)에 5개의 음향변수(slope, slopeZtoMax, ltasSlope, matchF$_0$, centroid)를 입력한 뒤 정상모음 지각과 비성모음 지각을 구분하는 작업을 먼저 시도하였다. 이를 통해 얻어지는 회귀방정식에 나머지

2) 로짓 변환이란 로지스틱 회귀방정식 a+bx를 로짓으로 정의한 뒤 이 회귀방정식에 각 데이터를 투입하여 얻어지는 결과(logit)를 $P=\frac{e^{\beta_0+\beta_1x_1+\beta_2x_2+\ldots+\beta_kx_k}}{1+e^{\beta_0+\beta_1x_1+\beta_2x_2+\ldots+\beta_kx_k}}$ 식에 대입하여 확률값으로 계산하는 과정을 말한다.

실험 데이터(latter_Half로 코딩)를 입력하여 본래의 그룹으로 정 분류해 내는 비율(%)을 조사하였다(즉, 정상모음 지각을 정상모음 지각으로 분류해 내고, 비성모음 지각을 비성모음 지각 집단으로 분류해 내는 비율을 말한다).

〈표 5-5〉 회귀방정식을 구하기 위한 남성용 훈련 데이터 일부 (formerHalf_male, 5개 음향변수)

file	nasality	slope	slopeZtoMax	ltasSlope	matchF0	centroid
12041	1	-3.226	1.856	10.613	660	647.858
12041	1	-3.199	1.839	10.840	655	645.610
12041	1	-3.220	1.786	10.246	660	640.316
.	.	.	.	.	.	.
.	.	.	.	.	.	.
.	.	.	.	.	.	.
22113	2	-3.080	2.088	10.089	617	619.102
22113	2	-3.006	2.107	10.379	625	618.779
22113	2	-2.932	2.103	10.465	628	620.749

쉬어가기

로지스틱 회귀분석 절차(SPSS)

Analysis → Regression → Binary Logistic

이어서 독립변수(dependent)에 nasality, 공변량(covariates)에 5개 변수를 입력한다. 방법은 Enter 방식을 선택한다([그림 5-13]).

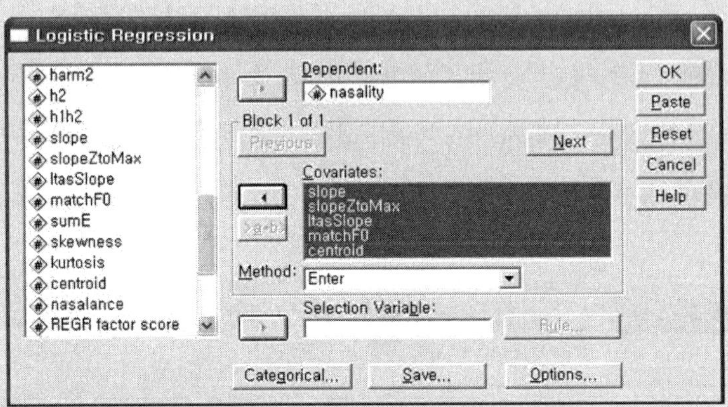

[그림 5-13] 로지스틱 회귀분석 초기 통계 항목 설정 화면

[Save]를 선택하고 그림과 같이 predicted values 칸의 확률(probabilities)과 소속집단(group membership)을 선택한다([그림 5-14]).

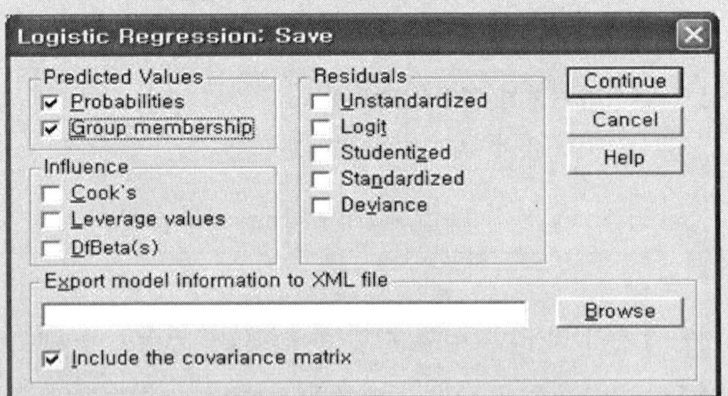

[그림 5-14] [Save]의 입력 화면

[Options] 메뉴에서, classification plots과 Hosmer-Lemeshow goodness-of-fit을 선택한다. Hosmer-Lemeshow 검정은 회귀방정식 모델의 적합성을 검정해 준다([그림 5-15]).

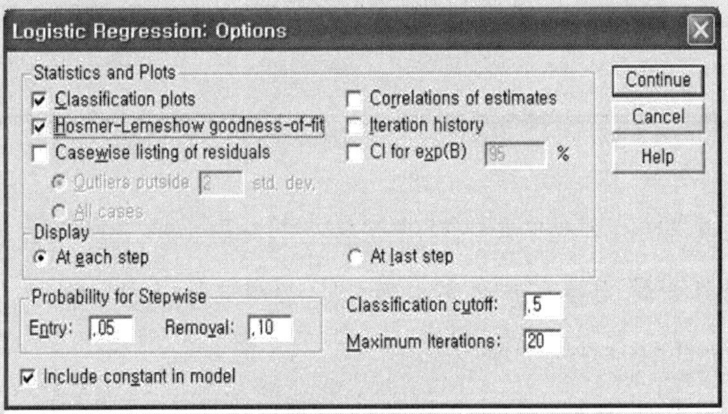

[그림 5-15] [Options] 메뉴에서 classification plots와 Hosmer-Lemeshow goodness-of-fit을 선택한 화면

구해진 회귀방정식의 모델 적합성과 분류 정확도, 회귀방정식 출력은 앞에서 설명한 부분을 참고하면 된다.

결과적으로 회귀모형은 통계적으로 적합하였고 ($x^2(5)=169.055$, $p<.0001$), Hosmer & Lemeshow 적합성 테스트에서도 회귀방정식 모델이 적합한 것으로 판정되었다($x^2(8)=1.781$, $p=.987$). 5개 변수를 모두 투입했을 때 분류 정확도 확률값의 결과는 다

〈표 5-6〉 남성, formerHalf에서 분류 정확도(%), 5개 음향변수 enter 방식 투입

Classification Table[a]

	Observed		Predicted nasality normal	Predicted nasality abnormal	Predicted Percentage Correct
Step 1	nasality	normal	72	3	96.0
		abnormal	5	70	93.3
	Overall Percentage				94.7

a. The cut value is .500

음과 같다. 정상모음 지각의 분류 정확도는 96%, 비성모음 지각의 분류 정확도는 93.3%, (따라서) 전체 분류 정확도는 94.7%로 나타났다(〈표 5-6〉).

산출된 회귀방정식은 다음과 같다(〈표 5-7〉 로지스틱 회귀계수의 통계적 유의성을 알려 주는 왈드 통계량은 slopeZtoMax, ltasSlope 2개 변수에서 유의하지 않음).

〈표 5-7〉 출력된 로지스틱 회귀방정식[남성 실험 데이터(formerHalf)를 대상으로]

Variables in the Equation

		B	S.E.	Wald	df	Sig.	Exp(B)
Step 1[a]	slope	9.476	2.986	10.068	1	.002	13037.404
	slopeZtoMax	-.621	1.513	.169	1	.681	.537
	ltasSlope	-.161	.230	.487	1	.485	.852
	matchF0	-.052	.014	14.104	1	.000	.950
	centroid	-.077	.034	5.004	1	.025	.926
	Constant	112.763	35.692	9.981	1	.002	9.383E+048

a. Variable(s) entered on step 1: slope, slopeZtoMax, ltasSlope, matchF0, centroid.

이 회귀방정식에 실험 데이터로 사용되는 나머지 절반 데이터를 입력하여 로짓을 구하고 이로부터 확률값을 구하게 된다.[3)]

회귀방정식에 데이터를 입력하여 구하는 과정은 단순한 계산의 반복이므로 엑셀을 이용해도 되고, 프로그래밍에 자신이 있는 사람이라면 C나 Perl, Praat을 이용해도 좋다. 지금부터는 나머지 절반의 데이터를 이 회귀방정식에 입력하여 확률값을 구하는 과정을 알아보자. 확률값 계산과 구해진 확률값을 이용하여 두 그룹으로 자동 분류하는 작업은 Praat 스크립트를 이용

〈표 5-8〉 로짓 계산과 확률값 계산에 사용된 실험용 남성 데이터(latterHalf_male, 5개 음향변수값, 일부만 소개한다. 전체 내용은 [부록 1] 참고)(nasality 1=normal, 2=nasality perceived vowel)

nasality	irow	slope	slpZM	ltas_Slp	matchF0	centroid
1	1	-3.101	1.865	8.303	726	703.441
1	2	-3.004	1.906	8.485	724	700.573
1	3	-2.916	1.958	8.482	724	695.308
1	4	-3.1	1.924	8.563	726	688.654
.	.	.	.	.	.	.
.	.	.	.	.	.	.
.	.	.	.	.	.	.
2	147	-1.541	1.617	18.29	713	746.676
2	148	-1.552	1.622	18.391	719	750.551
2	149	-1.523	1.66	18.645	725	754.463
2	150	-1.508	1.714	19.198	728	753.269

3) 이해를 돕기 위해 다시 한 번 부연한다.

$$logit = \log \frac{p}{1-p} = \beta_0 + \beta_1 x_1 + \beta_2 x_2 + \ldots + \beta_k x_k$$

하였다. 테스트에 사용된 데이터는 다음과 같다(〈표 5-8〉).

이 표의 각 행(row)에 있는 5개 변수의 값을 앞에서 구한 회귀방정식에 집어 넣게 되면 로짓값을 구할 수 있다. 스크립트로 표현되는 회귀방정식은 다음과 같다(〈식 5-4〉).

$$\text{logit}=(9.476\times\text{slope})+(-0.621\times\text{slpZM})+(-0.161\times\text{ltas\_Slp})$$
$$+(-0.052\times\text{matchF}_0)+(-0.077\times\text{centroid})+112.763 \quad \text{〈식 5-4〉}$$

이 식을 이용하여 구하는 확률값은 다음과 같이 코딩하면 된다(〈식 5-5〉).

$$\text{prob.}=\exp(\text{logit})/(1+\exp(\text{logit})) \quad \text{〈식 5-5〉}$$

구한 확률값이 0.5를 기준으로 하여 그보다 작은 값이면 정상모음 지각군으로 분류되고, 그보다 큰 값이면 비성모음 지각군으로 분류된다. 구해진 로짓값과 확률값의 일부를 소개하면 〈표 5-9〉와 같다. 전체 표는 [부록 2]에 제시한다.

실험데이터를 대상으로 정상모음 지각을 정상모음 지각으로 정분류(correctly classification)한 경우는 86.7%(65/75), 비성모음

〈표 5-9〉 남성 실험 데이터(latter_Half)를 대상으로 훈련 데이터(Former_Half)의 회귀방정식을 적용하여 구한 로짓값과 그 로짓을 이용하여 구한 확률값 일부(전체 표는 [부록 2] 참고)

nasality	irow	slope	slpZM	ltas_Slp	matchF0	centroid	logit	prob	classification
1	1	-3.101	1.865	8.303	726	703.441	-11.03398	0.00002	1
1	2	-3.004	1.906	8.485	724	700.573	-9.84474	0.00005	1
1	3	-2.916	1.958	8.482	724	695.308	-8.63725	0.00018	1
1	4	-3.1	1.924	8.563	726	688.654	-9.9644	0.00005	1
.	.	.	.	.	.	.	.	.	.
.	.	.	.	.	.	.	.	.	.
.	.	.	.	.	.	.	.	.	.
2	147	-1.541	1.617	18.29	713	746.676	-0.35842	0.41134	1
2	148	-1.552	1.622	18.391	719	750.551	-1.09239	0.25117	1
2	149	-1.523	1.66	18.645	725	754.463	-1.4953	0.18313	1
2	150	-1.508	1.714	19.198	728	753.269	-1.53979	0.17657	1

지각을 비성모음 지각으로 정분류한 경우는 69.3%(52/75), 전체적 정분류율은 78%였다.

4) Praat 비성도 변수를 이용한 남성 데이터 검정

제3장 비성도에 대해 설명하면서 나조미터를 이용하여 측정한 값(나조미터 비성도)과 Praat 비성도의 상관관계를 다루었다. 나조미터를 이용한 측정은 일정 길이가 확보가 되는 모음을 대상으로 하는 것이라서, 이 연구에서 다루고 있는 30ms 프레임 규격을 이용한 실험이 용이하지 않다. 그래서 그 대체 측정 단위로, 나조미터 비성도와 높은 상관관계를 이루는 Praat 비성도를 택한 것이다. 비성도의 역할에 더욱 충실한 단위는 Praat 비성도임을 이미 살펴본 바 있다.

이러한 과정을 거쳐서 가치가 입증된 Praat 비성도 변수 하나만을 이용하여 지금까지의 통계 절차를 반복한다. 5개 변수를 모두 사용하여 얻어진 통계 결과와 지금까지 금과옥조로 여겨져오는 비성도 점수(변형된 nasalance value로서 Praat 비성도) 만을 이용하여 얻어진 통계 결과를 비교해 보고자 하는 시도임을 눈치챘을 것이다. t-검정 결과는 앞 절에 제시하였다. Praat 비성도는 남성 데이터의 경우 비음성 1과 2 사이에 통계적으로 유의한 차이가 있음이 확인되었다[t(298)=-3.832924, p〈.001].

5개 변수의 경우와 마찬가지로, 훈련 데이터와 실험 데이터로 나눈 뒤, 훈련 데이터에 대한 로지스틱 회귀분석을 시행하였다. 회귀모형은 통계적으로 적합하였으나($x^2(1)=70.607$, $p<.0001$), Hosmer & Lemeshow 적합성 테스트에서는 모델이 적합하지 않은 것으로 판정되었다($x^2(8)=23.702$, $p=.003$). Praat 비성도 변수를 투입했을 때 정상모음 지각의 분류 정확도

〈표 5-10〉 Praat 비성도를 이용한 비성도 집단[1~2] 분류 정확도, 적용 대상은 훈련 데이터

Classification Table[a]

	Observed		Predicted: nasality normal	Predicted: nasality abnormal	Predicted: Percentage Correct
Step 1	nasality	normal	60	15	80.0
		abnormal	21	54	72.0
	Overall Percentage				76.0

a. The cut value is .500

는 80%, 비성모음 지각의 분류 정확도는 72%, 전체 분류 정확도는 76%로 나타났다(〈표 5-10〉).

회귀방정식은 다음과 같다(〈표 5-11〉). 왈드 통계량은 비성도 변수와 상수 모두 유의하게 나타났다.

〈표 5-11〉 Praat 비성도를 이용한 남성 훈련 데이터의 회귀방정식

Variables in the Equation

		B	S.E.	Wald	df	Sig.	Exp(B)
Step 1[a]	nasalance	.404	.071	32.137	1	.000	1.498
	Constant	-23.638	4.144	32.546	1	.000	.000

회귀방정식 계수와 상수를 이용한 방정식에 실험 데이터를 투입한 결과 다음과 같은 로짓과 확률값을 얻었다(〈표 5-12〉 전체 데이터는 [부록 4]에 소개).

〈표 5-12〉 남성 실험 데이터(latter_Half)를 대상으로 훈련 데이터(Former_Half)의 회귀방정식을 적용하여 구한 로짓값과, 그 로짓을 이용하여 구한 확률값 일부(변수: Praat 비성도t)

nasality	irow	nasalance	logit	prob	classifcation
1	1	51.181	-2.96088	0.04922	1
1	2	51.968	-2.64293	0.06643	1
1	3	51.67	-2.76332	0.05934	1
.	.	.	.	.	.
.	.	.	.	.	.
.	.	.	.	.	.
2	148	69.11	4.28244	0.98638	2
2	149	69.518	4.44727	0.98843	2
2	150	69.771	4.54948	0.98954	2

결과적으로 실험 데이터에 Praat 비성도 변수를 투입했을 때 정상모음의 분류 정확도는 54.7%(41/75), 비성모음 지각의 분류 정확도는 46.7%(35/75), 전체 분류 정확도는 50.7%로 나타났다.

제6장

정상모음과 비모음의 음향적 구분(여성, 남녀 전체)

1. 여성 데이터 논지전개
2. 전체 데이터를 대상으로 한 분류 작업

1. 여성 데이터 논지전개

1) 5개 음향변수를 이용한 여성 데이터 검정

남성 데이터를 다룰 때와 마찬가지 순서로 진행하였다. 전체 12개 음향변수의 기술통계(〈표 6-1〉)와 t-검정 결과는 다음과 같다. 정상모음 지각 /아/와 비모음 지각 /아/ 사이의 평균 차이에 대한 독립표본 t-검정이다.

〈표 6-1〉 정상모음 지각 /아/와 비모음 지각 /아/ 사이의 12개 음향변수 기술통계(비성도= Praat 비성도).

Group Statistics

	nasality	N	Mean	Std. Deviation	Std. Error Mean
h1	normal	150	37.093	4.8424	.3954
	abnormal	145	39.535	3.5603	.2957
h2	normal	150	44.6033	5.61618	.45856
	abnormal	145	45.7159	4.60247	.38221
h1h2	normal	150	-7.5093	2.81765	.23006
	abnormal	145	-6.1801	3.20613	.26625
slope	normal	150	-3.80393	.198903	.016240
	abnormal	145	-3.85247	.172304	.014309
slopeZToMax	normal	150	1.87027	.444437	.036288
	abnormal	145	1.99560	.501655	.041660
ltasSlope	normal	150	7.83449	2.878338	.235015
	abnormal	145	8.56412	3.123491	.259392
matchF0	normal	150	782.06	176.211	14.388
	abnormal	145	736.08	164.712	13.679
sumE	normal	150	114.15943	38.035949	3.105622
	abnormal	145	114.47432	41.346835	3.433668
skewness	normal	150	.03523	.440604	.035975
	abnormal	145	.01122	.354567	.029445

kurtosis	normal	150	.60695	1.269130	.103624
	abnormal	145	.47277	.856372	.071118
centroid	normal	150	736.81337	66.284535	5.412110
	abnormal	145	725.00219	53.450771	4.438845
nasalance	normal	150	44.044	3.3711	.2752
	abnormal	145	45.575	1.4562	.1209

t-검정 결과 유효한 변수로 나타난 것을 정리하면 다음과 같다(〈표 6-2〉).

〈표 6-2〉 음향변수 12개에 대한 t-검정 결과(여성 데이터). 비성도는 2-채널 입력값을 Praat을 이용하여 구한 결과(Praat 비성도)로서 로지스틱 회귀분석의 독립변수가 되지는 않는다.

	t	df	Sig. (2-tailed)
h1	−4.922239	293	1.43045E−06
h2	−1.857431	293	0.064253014
h1h2	−3.78568	293	0.000185935
slope	2.2372469	293	0.026022065
slopeZToMax	−2.273193	293	0.023738364
ltasSlope	−2.087414	293	0.037714536
matchF0	2.3136827	293	0.02137712
sumE	−0.068109	293	0.945745367
skewness	0.5145044	293	0.607287283
kurtosis	1.0608578	293	0.28962818
centroid	1.681339	293	0.093762635
nasalance*	−5.035052	293	8.35928E−07

이 5개 음향변수를 대상으로 샤피로-윌크 정규성 검정을 시행한 결과 slopeZToMax를 제외한 나머지 변수는 귀무가설(H_0)

을 기각하므로 정규성 검정을 따르지 않는다는 결론을 얻는다(〈표 6-3〉). 그러므로 이들 변수를 수용하기 위하여 분석 자료에 대한 엄격한 정규성 검정 조건을 요구하는 판별분석을 시행하지 않고 로지스틱 회귀분석을 사용한다.[1]

〈표 6-3〉 t-검정 결과 유의변수로 밝혀진 5개 음향변수에 대한 비음성 구분에 따른 정규성 검정 결과(샤피로-윌크 정규성 검사 테스트)

Tests of Normality

		Kolmogorov-Smirnov[a]			Shapiro-Wilk		
	nasality	Statistic	df	Sig.	Statistic	df	Sig.
h1h2	normal	.134	150	.000	.944	150	.000
	abnormal	.141	145	.000	.952	145	.000
slope	normal	.047	150	.200*	.989	150	.257
	abnormal	.082	145	.018	.968	145	.002
slopeZToMax	normal	.058	150	.200*	.983	150	.058
	abnormal	.045	145	.200*	.986	145	.136
ltasSlope	normal	.200	150	.000	.899	150	.000
	abnormal	.108	145	.000	.958	145	.000
matchF0	normal	.177	150	.000	.884	150	.000
	abnormal	.142	145	.000	.930	145	.000

*. This is a lower bound of the true significance.

다중공선성을 살펴보자. 남성 데이터를 다루면서 공차한계는 0.1~0.3 이하, 분산팽창요인은 10 이상이면 다중공선성에

1) 남성 데이터를 다루면서 언급하였듯이 데이터 토큰의 수가 30개를 넘어가면 중심극한정리에 따라 데이터의 정규성을 가정하고 연구를 시작한다. 따라서 본문에서 언급한 샤피로-윌크 정규성 결과에 관련없이 현 연구에서는 이분 검정법으로 로지스틱 회귀분석을 사용한다.

문제가 있다고 하였다. 여성 데이터에서 공차한계와 분산팽창요인은 〈표 6-4〉와 같이 나타났다. 공차한계의 범위와 분산팽창요인에 문제가 있는 변수는 발견되지 않는다.

〈표 6-4〉 다중공선성 판단을 위한 공차한계와 분산팽창요인(VIF)/여성 데이터

Coefficients [a]

Model		Unstandardized Coefficients		Standardized Coefficients	t	Sig.	Collinearity Statistics	
		B	Std. Error	Beta			Tolerance	VIF
1	(Constant)	.749	.580		1.292	.198		
	h1h2	.052	.011	.317	4.721	.000	.679	1.472
	slope	-.132	.176	-.050	-.751	.454	.701	1.426
	slopeZToMax	.160	.072	.152	2.233	.026	.660	1.515
	ltasSlope	.030	.013	.178	2.359	.019	.537	1.862
	matchF0	4.94E-005	.000	.017	.213	.832	.482	2.074

a. Dependent Variable: nasality

다음 순서로 정상모음 지각과 비성모음 지각 구분을 위한 로지스틱 회귀분석을 실시한다. 종속변수에 2개의 그룹(정상모음 지각 vs. 비성모음 지각)을 입력하고 공변량에 5개의 음향변수(h1h2, slope, slopeZtoMax, ltasSlope, matchF$_0$)를 입력한 뒤 정상모음 지각과 비성모음 지각을 구분하는 작업을 먼저 시도하였다. 남성의 경우와 마찬가지로 전체 여성 데이터 중에 절반의 훈련 데이터(〈표 6-5〉)를 이용해서 통계를 진행하였다. 이를 통해 얻어지는 회귀방정식에 나머지 실험 데이터를 입력하여 본래의 그룹(1 혹은 2: 1=정상모음 지각, 2=비성모음 지각) 정분류 비

율(%)을 조사할 것이다.

〈표 6-5〉 로지스틱 회귀방정식을 구하기 위한 훈련용 데이터 일부 (latterHalf_female, 여성, 5개의 변수 대상: [부록 5] 참고).

file	nasality	h1h2	slope	slopeZToMax	ltasSlope	matchF0
11121	1	-10.9	-3.539	2.244	10.264	712
11121	1	-10.92	-3.513	2.087	10.357	711
11121	1	-11.19	-3.564	2.283	10.233	709
.	.	.	.	.	.	.
.	.	.	.	.	.	.
.	.	.	.	.	.	.
21193	2	-3.65	-3.983	2.278	9.584	412
21193	2	-4.03	-3.855	2.628	9.997	413
21193	2	-4.23	-3.913	2.327	9.925	413

회귀모형은 통계적으로 적합하였으며($x^2(5)=97.885$, p〈.0001), Hosmer & Lemeshow 적합성 테스트에서도 회귀방정식 모델이 적합한 것으로 판정되었다($x^2(8)=2.222$, p=.0973). 5개 변수를 모두 투입했을 때 정상모음 지각을 정상모음 지각으로 정분류한 경우는 78.7%, 비성모음 지각을 비상모음 지각으로 정분류한 경우는 83.6%, 전체 정분류율은 81.1%였다(〈표 6-6〉). 훈련 데이터 결과는 남성에 비해서 분류 정확도가 조금 떨어짐을 말해 준다.

〈표 6-6〉 여성 실험 데이터(formerHalf_female)에서 분류 정확도(%, 5개 음향변수 Enter 방식 투입)

Classification Table[a]

	Observed		Predicted		
			nasality		Percentage Correct
			1	2	
Step 1	nasality	1	59	16	78.7
		2	12	61	83.6
	Overall Percentage				81.1

a. The cut value is .500

산출된 회귀방정식은 다음과 같다(〈표 6-7〉). 로지스틱 회귀계수의 유의성을 알려 주는 왈드 통계량은 모든 변수에서 유의한 것을 알 수 있다.

〈표 6-7〉 출력된 로지스틱 회귀방정식[여성 실험 데이터(formerHalf_female로 코딩)를 대상으로]

Variables in the Equation

		B	S.E.	Wald	df	Sig.	Exp(B)
Step 1[a]	h1h2	.339	.101	11.392	1	.001	1.404
	slope	-8.054	2.300	12.260	1	.000	.000
	slopeZToMax	1.713	.713	5.774	1	.016	5.544
	ltasSlope	-.492	.141	12.202	1	.000	.611
	matchF0	-.031	.007	21.622	1	.000	.970
	Constant	-3.972	5.871	.458	1	.499	.019

a. Variable(s) entered on step 1: h1h2, slope, slopeZToMax, ltasSlope, matchF0.

이 회귀방정식에 실험 데이터로 사용되는 나머지 절반 데이터(latterHalf_female로 코딩)를 입력하여 로짓을 구하고, 이로부터 확률값을 구한다. 실험에 사용된 데이터는 〈표 6-8〉과 같다.

〈표 6-8〉 로짓 계산과 확률값 계산에 사용된 실험용 여성 데이터 일부 (latterHalf, 5개 음향변수값: 일부만 소개한다. 전체 내용은 [부록 6] 참고: nasality 1=normal, 2=nasality perceived vowel)

file	nasality	h1h2	slope	slopeZToMax	ltasSlope	matchF0
11021	1	-1.86	-3.558	1.184	7.188	766
11021	1	-1.94	-3.544	1.112	6.734	771
11021	1	-1.95	-3.618	1.678	6.833	769
.	.	.	.	.	.	.
.	.	.	.	.	.	.
.	.	.	.	.	.	.
21082	2	-1.91	-3.961	1.88	3.987	921
21111	2	-0.82	-3.729	1.422	5.175	822
21111	2	-0.51	-3.82	1.223	4.334	822

이 표의 각 행에 있는 5개 음향변수의 값을 회귀방정식에 대입하여 로짓값을 구하고 그로부터 비음성 집단[1~2] 분류를 위한 확률값을 구한다. 회귀방정식은 다음과 같다(〈식 6-1〉).

$$logit=(0.339\times h1h2)+(-8.054\times slope)+(1.713\times slpZM)+(-0.492\times ltas\_Slp)+(-0.031\times matchF_0)-3.9720000 \quad \langle 식\ 6\text{-}1\rangle$$

이 식을 이용하여 구하는 확률값은 다음의 식으로 구한다(〈식 6-2〉).

$$prob=exp(logit)/(1+exp(logit)) \quad 〈식\ 6\text{-}2〉$$

남성 데이터와 마찬가지로 구한 확률값이 0.5를 기준으로 하여 그보다 작은 값이면 정상모음 지각군으로 분류되고 그보다 큰 값이면 비성모음 지각군으로 분류된다. 구해진 로짓값과 확률값의 일부를 소개하면 〈표 6-9〉와 같다. 전체 표는 부록에 제시한다([부록 7]).

〈표 6-9〉 여성 실험 데이터를 대상으로 훈련 데이터의 회귀방정식을 적용하여 구한 로짓값과 그 로짓을 이용하여 구한 확률값 일부 (전체 데이터는 [부록 7] 참고)

nasality	irow	h1h2	slope	slpZM	ltas_Slp	matchF0	logit	prob	classification
1	1	-1.86	-3.558	1.184	7.188	766	-1.20071	0.23135	1
1	2	-1.94	-3.544	1.112	6.734	771	-1.39556	0.19852	1
1	3	-1.95	-3.618	1.678	6.833	769	0.1799	0.54485	2
.	.	.	.	.	.	.	.	.	.
.	.	.	.	.	.	.	.	.	.
.	.	.	.	.	.	.	.	.	.
2	144	-1.91	-3.961	1.88	3.987	921	-0.00976	0.49756	1
2	145	-0.82	-3.729	1.422	5.175	822	0.19117	0.54765	2
2	146	-0.51	-3.82	1.223	4.334	822	1.10206	0.75065	2

여성 실험 데이터에서 정상모음 지각을 정분류한 경우는 55.4%(41/74), 비성모음 지각을 정분류한 확률은 43.1%(31/72), 전체 정분류율은 49.3%로 남성 데이터에 비해 많이 저조하다.

2) Praat 비성도를 이용한 여성 데이터 검정

Praat 비성도는 여성 데이터의 경우 정상모음 지각군과 비성모음 지각군(각각 비음성 1과 2) 사이에 통계적으로 유의한 차이가 있음이 확인되었다[t(293)=-5.035, p〈.0001](〈표 6-2〉 참고). 집단 판별을 위한 분류 방정식을 얻기 위하여 로지스틱 회귀분석이 시행되었다.

5개 변수의 경우와 마찬가지로, 훈련 데이터와 실험 데이터로 나눈 뒤, 회귀방정식 계수를 구하기 위하여 훈련 데이터를 대상으로 로지스틱 회귀분석을 시행하였다. 그 결과, 회귀모형은 통계적으로 적합하였다(x2(1)=108.97, p〈.0001). 훈련 데이터에서 Praat 비성도 변수 하나를 이용했을 때 정상모음 지각의 분류 정확도는 76%, 비성모음 지각의 분류 정확도는 97.3%, 전체 분류 정확도는 86.5%로 나타났다(〈표 6-10〉).

〈표 6-10〉 Praat 비성도를 이용한 비성도 집단[1~2] 분류 정확도(여성 훈련 데이터)

Classification Table[a]

	Observed		Predicted		
			nasality		Percentage Correct
			normal	abnormal	
Step 1	nasality	normal	57	18	76.0
		abnormal	2	71	97.3
	Overall Percentage				86.5

a. The cut value is .500

회귀방정식은 다음과 같다. 회귀방정식 계수의 왈드 통계량은 Praat 비성도와 상수값(constant) 모두 통계적으로 유의하였다(〈표 6-11〉).

〈표 6-11〉 Praat 비성도를 이용한 여성 훈련 데이터의 회귀방정식

Variables in the Equation

		B	S.E.	Wald	df	Sig.	Exp(B)
Step 1[a]	nasalance	1.179	.213	30.728	1	.000	3.251
	Constant	-52.296	9.526	30.138	1	.000	.000

a. Variable(s) entered on step 1: nasalance.

회귀방정식 계수와 상수를 이용한 방정식에 실험 데이터를 투입한 결과 다음과 같은 로짓과 확률값을 얻었다(〈표 6-12〉,

〈표 6-12〉 Praat 비성도 변수를 이용한 회귀방정식을 실험 데이터에 적용하여 얻은 로짓과 확률값

nasality	irow	nasalance	logit	prob	classification
1	1	48.39	-0.26835	0.43331	1
1	2	48.53	-0.27745	0.43108	1
1	3	48.48	-0.2742	0.43188	1
.	.	.	.	.	.
.	.	.	.	.	.
.	.	.	.	.	.
2	144	46.36	-0.1364	0.46595	1
2	145	46.29	-0.13185	0.46709	1
2	146	48.9	-0.3015	0.42519	1

데이터는 [부록 8]에 소개). 결과적으로 Praat 비성도 변수를 실험 데이터에 투입했을 때 정상모음 지각의 분류 정확도는 73%(54/74), 비성모음 지각의 분류 정확도는 34.7%(25/72), 전체 분류 정확도는 53.9%로 나타났다(〈표 6-12〉).

2. 전체 데이터를 대상으로 한 분류 작업

지금까지의 작업을 토대로 남녀 데이터 전부를 합하여 동일한 과정을 밟아 보도록 하겠다.

1) t-검정과 기술통계값

전체 데이터를 대상으로 한 비음성 변수의 각 그룹당 기술통계 결과는 〈표 6-13〉과 같다.

〈표 6-13〉 전체 데이터(남성, 여성)를 대상으로 한, 비음성 변수(정상모음 지각 vs. 비성모음 지각)에 따른 각 음향변수의 평균, 표준편차, 표준오차값

Group Statistics

	nasality	N	Mean	Std. Deviation	Std. Error Mean
h1	normal	300	32.554	6.7590	.3902
	abnormal	295	32.827	11.0925	.6458
h2	normal	300	43.9840	4.65794	.26893
	abnormal	295	44.0285	5.35716	.31191
h1h2	normal	300	-11.4257	4.72044	.27253
	abnormal	295	-11.2001	7.86598	.45798
slope	normal	300	-3.31111	.575231	.033211
	abnormal	295	-3.01086	.953640	.055523
slopeZToMax	normal	300	2.10469	.471420	.027217
	abnormal	295	2.27281	.575577	.033511
ltasSlope	normal	300	11.29674	4.620058	.266739
	abnormal	295	12.48238	5.573243	.324487
matchF0	normal	300	737.37	139.610	8.060
	abnormal	295	667.29	151.194	8.803
sumE	normal	300	141.40437	41.668331	2.405722
	abnormal	295	140.15502	49.777562	2.898162
skewness	normal	300	.25949	.543760	.031394
	abnormal	295	.68934	1.376746	.080157
kurtosis	normal	300	2.00173	2.197593	.126878
	abnormal	295	4.62990	13.935947	.811382
centroid	normal	300	707.19437	61.053208	3.524909
	abnormal	295	688.56396	61.089994	3.556797
nasalance	normal	300	44.153	2.9018	.1675
	abnormal	295	45.435	1.9589	.1141

각 음향변수의 두 집단 간 독립표본 t-검정의 결과는 〈표 6-14〉와 같다. 두 집단 간 통계적으로 유의한 차이를 보인 8개의 변수(음영 표시) 중 비성도는 나머지 변수들과 비교가 되는

변수이므로 제외하고, 7개의 음향변수를 이용해서 다음 단계인 다중공선성 검정을 시행한다.

〈표 6-14〉 전체 데이터를 대상으로 한 비음성 변수의 독립표본 t-검정 결과

	F	Sig.	t	df	Sig. (2-tailed)
h1	92.276915	2.10118E-20	-0.3638013	593	0.716136026
h2	21.722073	3.89517E-06	-0.1081181	593	0.913938547
h1h2	88.527258	1.08796E-19	-0.4249962	593	0.670993604
slope	185.9729	4.9924E-37	-4.6590128	593	3.92599E-06
slopeZToMax	8.0862165	0.004614064	-3.9007546	593	0.000106869
ltasSlope	6.6723087	0.010030548	-2.8270363	593	0.004856612
matchF0	3.5074549	0.061585021	5.8755763	593	7.02911E-09
sumE	10.835011	0.001055162	0.3321884	593	0.739864378
skewness	27.993399	1.71548E-07	-5.0240427	593	6.70598E-07
kurtosis	32.892929	1.55272E-08	-3.2259732	593	0.001324578
centroid	0.3140834	0.575396876	3.7204675	593	0.000217758
nasalance	56.0481	2.57218E-13	-6.306817	593	5.57024E-10

2) 다중공선성 검정

음향변수들 간 높은 상관관계를 보이는 변수를 제거하기 위하여 다중공선성 검정을 실시한다. 공차한계는 0.1~0.3 이하, 분산팽창요인 10 이상이면 다중공선성에 문제가 있다고 하였다. 전체 데이터에서 공차한계와 분산팽창요인은 〈표 6-15〉와 같이 나타났다. 공차한계의 범위에서 skewness, kurtosis가 기준에 미비되어 제외하기로 한다. 엄밀히는 ltasSlope도 기준에

모자라긴 하지만(tolerance=0.299) 변수가 너무 적으면 안 되므로 살리기로 한다.

〈표 6-15〉 전체 데이터를 대상으로 조사한 다중공선성 검정(공차한계와 분산팽창요인)

Coefficients[a]

Model		Unstandardized Coefficients		Standardized Coefficients	t	Sig.	Collinearity Statistics	
		B	Std. Error	Beta			Tolerance	VIF
1	(Constant)	1.983	.305		6.497	.000		
	slope	.127	.039	.203	3.223	.001	.383	2.611
	slopeZToMax	.120	.051	.128	2.356	.019	.514	1.945
	ltasSlope	-.032	.007	-.325	-4.561	.000	.299	3.345
	matchF0	-.001	.000	-.294	-4.536	.000	.360	2.778
	skewness	.100	.048	.213	2.075	.038	.144	6.960
	kurtosis	-.002	.005	-.038	-.420	.674	.181	5.531
	centroid	.001	.000	.120	2.039	.042	.440	2.273

a. Dependent Variable: nasality

3) 로지스틱 회귀분석

이렇게 하여 결정된 5개의 음향변수를 이용하여 로지스틱 회귀분석을 실시한다. 종속변수에 2개의 그룹(비음성, 정상모음 지각 vs. 비성모음 지각)을 입력하고 공변량에 5개의 음향변수(slope, slopeZtoMax, ltasSlope, matchF$_0$, centroid)를 입력한 뒤 정상모음 지각과 비성모음 지각을 구분하는 작업으로 들어간다. 이번에는 전체 데이터를 이용해서 회귀방정식을 구하였다. 구한 회귀방정식을, 절반의 실험 데이터 2개에 입력하여 본래 그룹(1=정상모음 지각, 2=비성모음 지각)으로의 정분류율(%)을 조사할 것이다. 실험 데이터는 지금까지의 연구 흐름에서 벗어나서 한 집단은 정상모음 지각으로만, 다른 한 집단은 비성모음 지각으로만 구성할 것이다.

그 결과, 회귀모형은 통계적으로 적합하였다[$x^2(5)=56.992$, p<.0001]. 훈련 데이터에 5개 음향변수를 모두 투입했을 때 정상모음 지각의 분류 정확도는 71.7%, 비성모음 지각의 분류 정확도는 55.9%, 전체 분류 정확도는 63.9%로 나타났다(〈표 6-16〉).

〈표 6-16〉 전체 데이터에서 분류 정확도(%), 5개 음향변수 Enter 방식 투입

Classification Table[a]

	Observed		Predicted: nasality normal	Predicted: nasality abnormal	Predicted: Percentage Correct
Step 1	nasality	normal	215	85	71.7
		abnormal	130	165	55.9
	Overall Percentage				63.9

a. The cut value is .500

산출된 회귀방정식은 다음과 같다(〈표 6-17〉, 왈드 통계량은 slopeZtoMax 변수에서 유의하지 않음).

〈표 6-17〉 출력된 로지스틱 회귀방정식(전체 데이터를 대상으로)

Variables in the Equation

		B	S.E.	Wald	df	Sig.	Exp(B)
Step 1[a]	slope	.780	.178	19.134	1	.000	2.182
	slopeZToMax	.345	.219	2.469	1	.116	1.412
	ltasSlope	-.115	.031	13.539	1	.000	.891
	matchF0	-.005	.001	23.502	1	.000	.995
	centroid	.005	.002	5.282	1	.022	1.005
	Constant	3.087	1.323	5.447	1	.020	21.918

a. Variable(s) entered on step 1: slope, slopeZToMax, ltasSlope, matchF0, centroid.

이 회귀방정식을 이용하여 각 집단 정분류율을 검정할 데이터는 언급하였듯이 전체 데이터의 절반으로 구성된 2개의 실험 데이터다. 첫 번째 실험 데이터([부록 9])는 정상모음 지각으로만 구성되어 있으며 남녀의 비율은 동일하게 구성되어 있다[n(nasality 1)=300, n(male)=150, n(female)=150]. 두 번째 실험 데이터([부록 10])는 비성모음 지각 데이터로만 구성되어 있으며 남녀 비율은 거의 동일하다[n(nasality 2)=295, n(male)=150, n(female)=145]. 첫 번째 실험 데이터에서 정상모음 지각을 정상모음 지각으로 정분류한 경우는 72.7%(218/300), 두 번째 실험 데이터에서 비성모음 지각을 비성모음 지각 그대로 정분류한 경우는 56.3%(166/295) 였다. 따라서 전체 정분류율은 64.5%가 된다.

4) Praat 비성도와의 비교

고전적 개념의 비성도의 경우는 지금까지 시도한 로지스틱 회귀분석방법으로 그 분류 정확도를 살펴볼 때, 전체 데이터에서는 어떠한 결과를 보여 줄 것인가? 비교에 사용된 비성도 값은 Praat 비성도다.

비음성 집단[1~2]를 종속변수로 입력하고, Praat 비성도를 공변량 변수로 입력한 뒤 로지스틱 회귀분석을 실행하였다. 결과, 회귀모형은 통계적으로 적합하였다($x^2(1)=39.335$, $p<.0001$). 비성도 변수를 전체 데이터에 투입했을 때 정상모음의 분류 정확도는 56.3%(169/300), 비성모음 지각의 분류 정확도는 64.7%(104/295), 전체 분류 정확도는 60.5%로 나타났다(〈표 6-18〉).

〈표 6-18〉 전체 데이터에서 정상모음 지각과 비성모음 지각 분류 정확도 (%, Praat 비성도만 이용)

Classification Table[a]

	Observed		Predicted		
			nasality		Percentage Correct
			normal	abnormal	
Step 1	nasality	normal	169	131	56.3
		abnormal	104	191	64.7
	Overall Percentage				60.5

a. The cut value is .500

〈표 6-19〉 전체 데이터를 이용하여 구한 로지스틱 회귀방정식(비성도 변수만 이용)

Variables in the Equation

		B	S.E.	Wald	df	Sig.	Exp(B)
Step 1[a]	nasalance	.191	.032	35.710	1	.000	1.210
	Constant	-8.477	1.420	35.620	1	.000	.000

a. Variable(s) entered on step 1: nasalance.

이 회귀방정식을 이용하여 정상모음 지각과 비성모음 지각의 정분류율을 살펴본 결과, 첫 번째 집단(정상모음 지각으로만 구성된 실험 데이터)에서 정상모음 지각을 정분류한 경우는 55%(165/300), 두 번째 집단(비성모음 지각으로만 구성된 실험 데이터)에서 비성모음 지각을 정분류한 경우는 67.5%(199/295) 였다. 전체 정분류율은 61.3%가 된다.

연구를 마치며 제7장

제7장에서는 맺음말의 형식으로 지금까지 전개해 온 논의들 중 중요하다고 생각되는 내용들을 위주로 정리하도록 하겠다.

1. 제1장, 제2장에서는 비음의 음향적 특성을 중심으로 논의를 전개하였다. 비음성(nasality)이 관찰되는 목소리의 경우 비성도(nasalance) 개념을 이용하여 기술하는 것이 일반적인 관례임을 살펴보았으며, 이 물리 단위가 만들어진 연원을 밝혔다.

2. 제3장, 제4장에서는 청지각실험을 거쳐 2개의 집단으로 구분된 연장 /아/ 모음 데이터의 두 가지 비성도를 중심으로 논의를 시작하였다. 두 가지 비성도는 KAY의 나조미터를 이용하여 측정한 값과 Praat을 이용하여 측정한 값을 말한다. 플레처는 500Hz 중심 주파수를 가진 300Hz 밴드패스 필터로 필터링하여 300~700Hz 대역 정도만 취하여 비성도 계산을 한 데 비해 이 책에서 사용된 영역은 나조미터에서 허용하는 나이퀴스트 주파수만큼의 영역이다(5512.5Hz).
   두 가지 비성도 각각을 종속변인으로 하고 청지각적 판단(비음성)과 성별을 독립변인으로 하여 2way ANOVA를 수행한 결과 비음성(1과 2로 구분된)과 성별(남성, 여성) 사이에 교호작용도 없었고, 각 변인들의 주효과도 관찰되지 않았다. 다만 alpha=90%로 하였을 때, Praat 비성도의 경우 비음성에서 유의한 결과가 나와서(p=.081) 지각적 판단의 결과와 조금 더 일치된 결과라는 해석이 가능하다. 정상인의 데이터를 대상으로 하였으므로 통계적 차이가 나오기 어려웠을 것이다.

제3장, 제4장의 주요 내용을 요약하면 다음과 같다. 일반인이 발화한 /아/ 연장모음을 대상으로 청지각 분석을 수행한 후 정상모음 지각과 비성모음 지각 2개의 집단으로 구분하였다. 남녀로 나누어서, 정상모음 지각과 비성모음 지각의 경계에 위치하는 비성도 값을 기준으로 3dB씩 5단계 증가, 3단계 감소시킨 자료를 합성하였다. 이 자료를 대상으로 다시 5점 척도의 청지각 평가를 실시하였다. ROC 곡선과 Youden 지수를 적용하여 민감도와 특이도를 계산하여, 남성의 경우, 절단점 44.4%(=nE_+6)에서 민감도 75.0%, 특이도 86.1%를 얻었다. Praat 비성도 44.4%를 나조미터 비성도의 스케일로 고쳐 보면 대략 18.24% 정도에 해당한다. 여성의 경우, Youden 지수에 의거하면, 절단점 47.4%(=nE_+6)에서 민감도 48.1, 특이도 83.6을 얻었다. Praat 비성도 47.4 %를 나조미터 비성도의 스케일로 고쳐 보면 33.55%에 해당한다. 즉, 남녀 각각 나조미터 측정값 18.24와 33.55를 넘어서면 청지각적으로 비성이 있다는 표현이 가능하다는 것이다. 단위 보정을 통

한 수치이므로 상당한 오차가 존재함을 인정해야 할 것이지만, 이 결과로만 판단하면 남성이 발화한 말소리에 대한 비성 판단 기준이 더 엄격함을 유추할 수 있다.

3. 나조미터를 이용하여 측정하는 보편적 비성도는 고가의 특정 장비를 구입해야만 가능하다. 또한 코와 입을 분리하는 격판을 주요 파트로 하는 헤드기어를 착용해야만 측정이 되는데, 이 격판의 분리율이 측정하는 사람에 따라 변동이 있을 수 있어 신뢰도가 떨어진다. 측정 시마다 보정해야만 하는 것도 번거로운 일이다. 기계 장치를 사용하지 않고 마이크 녹음을 통한 음향 정보만으로 비성도를 대체할 수 없을까? 연구는 이러한 바람에 대한 실험적 접근이다. 1차적으로 남성과 여성을 나누어서 접근하였고, 2차적으로 전체 데이터를 다루었다. 실험적으로 설정해 본 음향 파라미터는 파워 스펙트럼의 기울기 특성과 에너지의 통계적 분포를 바탕으로 하고 있다.
비성도를 대체한 음향변수는 6개 정도다. 남녀를 통틀어 사용된 변수는 h1h2, slopeZtoMax, ltasSlope, slope, centroid, matchF$_0$다. 이 중 h1h2, slopeZtoMax, ltasSlope, slope는 남녀 공통으로 사용되었고, centroid는 남성, matchF$_0$는 여성 데이터에 적합하다고 판명되었다. 남녀를 합하여 분석했을 경우 t-검정과 다중공선성 검정을 통과한 변수는 slopeZtoMax, ltasSlope, slope, centroid, $matchF_0$로 나타났다.

본문에서 언급되었지만, 기울기 측정 대상은 두 가지로 구분된다. slope는 사운드 객체를 역필터링하여 얻은 음원 스펙트럼을 대상으로 구한 기울기이며, 나머지 slopeZtoMax와 ltasSlope는 역필터링 없이 사운드 객체의 파워 스펙트럼에 대해서 실시한 것이다. 물론 기울기는 민감한 변수이므로 30ms 크기의 프레임 단위로 측정이 되었음은 이미 언급된 사항이다. 자세한 내용은 제5장, 제6장을 참고하기 바란다.

4. 6개 음향변수를 적용했을 때의 비성모음 지각 분류 정확도는 다음과 같다.

1) 남성 데이터

훈련 데이터에서 5개 변수((h1h2, slopeZtoMax, ltasSlope, slope, centroid)를 모두 투입했을 때 정상모음 지각의 분류 정확도는 96%, 비성모음 지각의 분류 정확도는 93.3%, 전체 분류 정확도는 94.7%로 나타났다(〈표 5-6〉). 같은 훈련 데이터를 대상으로 Praat 비성도 변수 하나만을 이용하여 회귀방정식을 구하고 이를 이용하여 두 집단을 분류해 본 결과, 정상모음 지각의 분류 정확도는 80%, 비성모음 지각의 분류 정확도는 72%, 전체 분류 정확도는 76%로 나타났다. 즉, 훈련 데이터만을 이용했을 때는 5개 변수를 이용한 분류 정확도가 더 높은 결과라는 것을 말해 준다.

실험 데이터에서 5개 변수를 이용했을 때 정상모음 지각의 분류 정확도는 86.7%(65/75), 비성모음 지각 정분류율은 69.3%(52/75), 전체적 정분류율은 78%였다. Praat 비성도 변수 하나만을 실험 데이터에 투입했을 때 정상모음의 분류 정확도는 54.7%(41/75), 비성모음 지각의 분류 정확도는 46.7%(35/75), 전체 분류 정확도는 50.7%로 나타났다. 즉, 남성 자료에 대해서는 5개 변수를 조합한 방식이 쓸모 있다는 결론이다.

2) 여성 데이터

훈련 데이터에서 Praat 비성도 변수 하나를 이용했을 때 정상모음 지각의 분류 정확도는 76%, 비성모음 지각의 분류 정확도는 97.3%, 전체 분류 정확도는 86.5%로 나타났다. 반면 훈련 데이터에 5개 음향변수(h1h2, slopeZtoMax, ltasSlope, slope, matchF$_0$)를 적용하였을 때는 정상모음 지각을 정상모음 지각으로 정분류한 경우는 78.7%, 비성모음 지각을 비상모음 지각으로 정분류한 경우는 83.6%, 전체 정분류율은 81.1%였다(〈표 6-6〉).

Praat 비성도 변수를 실험 데이터에 투입했을 때 정상모음 지각의 분류 정확도는 73%(54/74), 비성모음 지각의 분류 정확도는 34.7%(25/72), 전체 분류 정확도는 53.9%로 나타났다. 5개 변수를 이용했을 때 실험 데이터의 결과는 정상모음 지각의 정분류율은 55.4%(41/74), 비성모음 지각을 정분류한 확률은 43.1%(31/72), 전체 정분류율은 49.3%였다. 결과적으로 훈련 데이터, 실험 데이터 모두 여성의 경우는 남성에 비해서 5개 음향변수를 활용한 분류방법이 Praat 비성도 변수 하나만을 이용한 분류 방법에 비해 조금 저조한 실적을 보였다.

여성 데이터 분류 정확도가 떨어지는 것은 여러 가지 각도에서 검토해 볼 수 있다. 첫 번째 의심할 수 있는 부분은 지각 평가의 정확성이 결여되어서 그럴 수 있다. 이비인후과적 문제가 없는 피험자들이 발화한 자료들이므로 엄밀한 의미에서는, 비성모음 지각이라 할지라도, 정상으로 분류가 되는 집단이라는 것이다. 따라서 집단 간 음향적 구분이 잘되지 않을 개연성이 있음을 전제해야 한다. 여성 데이터의 분류 정확도가 떨어지는 점 때문에 전체 데이터를 대상으로 한 로지스틱 회귀분석도 약화되는 결과를 초래하였다.

3) 전체 데이터

t-검정과 다중공선성 검정을 거치고 얻은 5개의 음향변수

(slope, slopeZtoMax, ltasSlope, matchF$_0$, centroid)를 입력한 뒤 정상모음 지각과 비성모음 지각을 구분하였다. 훈련 데이터에 5개 변수를 모두 투입했을 때 정상모음 지각의 분류 정확도는 71.7%, 비성모음 지각의 분류 정확도는 55.9%, 전체 분류 정확도는 63.9%로 나타났다. 훈련 데이터에서 얻어진 로지스틱 회귀방정식을 이용하여 실험 데이터에 적용해 본 결과는 다음과 같다. 정상모음 지각으로만 구성된 실험 데이터(남녀의 비율은 동일)에서 정상모음 지각을 정상모음 지각으로 정분류한 경우는 72.7%(218/300), 비성모음 지각으로 구성된 실험 데이터(역시 남녀 구성 비율은 동일)에서 비성모음 지각 그대로 정분류한 경우는 56.3%(166/295)였다. 전체 정분류율은 64.5%가 된다.

Praat 비성도 변수 하나만을 이용하여 전체 데이터(훈련 데이터)의 두 집단 분류율을 살펴본 결과, 정상모음 지각의 분류 정확도는 56.3%(169/300), 비성모음 지각의 분류 정확도는 64.7%(104/295), 전체 분류 정확도는 60.5%로 나타났다. 정상모음 지각과 비성모음 지각의 정분류율을 살펴본 결과, 첫 번째 집단(정상모음 지각으로만 구성된 실험 데이터)에서 정상모음 지각을 정분류한 경우는 55%(165/300), 두 번째 집단(비성모음 지각으로만 구성된 실험 데이터)에서 비성모음 지각을 비성모음 지각으로 그대로 정분류한 경우는 67.5%(199/295)였다. 전체 정분류율은 61.3%가 된다.

결과적으로 전체 정분류율을 기준으로 할 경우, 5개 음향변수의 분류능력이 Praat 비성도보다 약간 높다는 언급을 할 수 있다. 나조미터를 통해 얻은 비성도 자료에 신뢰를 보내는 것이 현실이지만, 정작 분류 정확도만 살펴볼 경우 높은 신뢰를 줄 수 없음을 앞의 실험 결과를 통해서 알 수 있다. 정상모음 지각 집단과 비성모음 지각 집단을 독립표본 t-검정한 결과 어떤 음향변수에서는 두 집단이 평균값에서 통계적으로 유의한 차이가 있다는 것이 결론이니 엉터리 청지각 분류라고 말할 수도 없는 상황이다. 이리되면 전가의 보도처럼 이용이 되고 있는 나조미터를 이용한 비성도 수치에 무한신뢰를 보낼 수만은 없다는 결론을 도출할 수 있다. 물론 5개 내외의 음향변수가 절대적 대체 물리량이라 할 수는 없다. 그러나 분류 정확도가 비슷하거나 약간은 우위를 보이는 결과에서 알 수 있듯이 이러한 연구가 지속적으로 이루어질 필요성은 극명해진다.

부록

부록1

로지스틱 회귀방정식을 구하는 데 사용된 남성 훈련 데이터 (formerHalf, 5개 음향변수) (nasality 1=normal, 2=nasality perceived vowel)

file	nasality	slope	slopeZtoMax	ltasSlope	matchF0	centroid
12041	1	-3.226	1.856	10.613	660	647.858
12041	1	-3.199	1.839	10.840	655	645.610
12041	1	-3.220	1.786	10.246	660	640.316
12041	1	-3.246	1.799	10.471	660	644.386
12041	1	-3.208	1.798	10.383	651	638.848
12042	1	-3.225	1.825	12.148	672	648.778
12042	1	-3.166	1.824	12.198	669	650.563
12042	1	-3.180	2.023	12.232	674	651.258
12042	1	-3.223	1.812	12.019	674	650.048
12042	1	-3.265	1.774	11.653	675	639.526
12043	1	-3.168	1.979	12.567	683	659.644
12043	1	-3.193	2.273	12.618	684	658.335
12043	1	-3.237	1.870	12.361	684	660.188
12043	1	-3.266	1.846	12.275	681	659.391
12043	1	-3.259	1.843	12.096	681	655.956
12061	1	-3.324	2.331	14.174	694	668.973
12061	1	-3.318	2.493	14.161	696	663.156
12061	1	-3.343	2.324	14.058	697	664.014

12061	1	-3.320	2.081	14.131	698	662.067
12061	1	-3.352	2.787	14.057	699	660.979
12062	1	-3.372	2.028	13.942	689	628.943
12062	1	-3.401	2.626	13.176	555	622.326
12062	1	-3.417	2.226	13.547	695	622.485
12062	1	-3.443	2.537	13.136	559	621.277
12062	1	-3.432	3.035	13.773	565	617.335
12063	1	-3.156	2.238	13.469	686	653.149
12063	1	-3.211	2.226	13.228	688	649.985
12063	1	-3.213	2.240	13.506	695	646.660
12063	1	-3.221	2.299	13.427	701	641.107
12063	1	-3.286	1.897	13.243	570	636.170
12071	1	-2.992	1.729	11.402	684	634.225
12071	1	-3.131	2.122	12.574	686	637.216
12071	1	-3.096	2.254	11.638	678	629.196
12071	1	-2.997	2.190	12.277	672	632.036
12071	1	-2.989	2.133	11.857	674	634.337
12072	1	-2.922	2.204	11.581	675	614.683
12072	1	-2.986	2.356	12.266	673	616.678
12072	1	-2.931	2.284	12.950	672	616.245
12072	1	-2.892	1.736	13.215	672	631.336
12072	1	-2.747	2.316	12.901	664	631.256
12073	1	-3.016	2.032	10.420	690	628.678
12073	1	-3.120	2.048	11.030	688	635.104
12073	1	-2.926	2.068	10.886	691	632.692
12073	1	-3.231	2.310	10.371	685	637.009
12073	1	-2.859	1.982	9.768	681	636.116

12081	1	-2.640	1.942	12.255	853	762.755
12081	1	-2.633	2.167	12.463	849	765.993
12081	1	-2.623	1.968	12.444	844	764.955
12081	1	-2.679	1.920	12.100	846	759.512
12081	1	-2.683	1.845	11.808	854	760.076
12082	1	-2.494	2.275	15.297	807	765.342
12082	1	-2.440	1.856	15.307	809	765.289
12082	1	-2.557	2.263	15.648	814	761.143
12082	1	-2.538	2.280	15.728	819	760.963
12082	1	-2.621	2.246	15.558	822	763.322
12083	1	-2.551	2.230	14.576	809	745.060
12083	1	-2.673	2.195	14.444	819	746.315
12083	1	-2.698	2.045	14.717	823	742.103
12083	1	-2.677	2.250	14.440	823	736.795
12083	1	-2.846	1.920	11.717	598	720.799
12091	1	-2.308	2.977	17.098	730	702.894
12091	1	-2.286	2.240	17.158	726	701.840
12091	1	-2.298	1.937	17.007	729	700.176
12091	1	-2.300	2.221	16.998	725	697.712
12091	1	-2.282	2.792	16.936	722	700.559
12092	1	-2.457	2.473	15.282	734	679.941
12092	1	-2.465	2.522	15.214	735	677.775
12092	1	-2.477	2.514	14.960	737	675.694
12092	1	-2.541	2.478	14.686	741	674.632
12092	1	-2.558	1.946	14.681	744	672.998
12093	1	-2.479	2.144	18.804	633	682.537
12093	1	-2.547	2.646	16.283	759	685.334

12093	1	-2.510	2.806	18.529	633	681.281
12093	1	-2.468	2.815	18.645	630	683.890
12093	1	-2.390	2.680	16.118	747	689.773
22011	2	-1.559	2.701	17.239	634	639.639
22011	2	-1.482	2.690	17.061	627	640.453
22011	2	-1.478	2.571	17.441	624	636.080
22011	2	-1.530	2.629	16.425	633	635.692
22011	2	-1.799	2.175	15.385	554	628.689
22012	2	-1.748	2.126	18.401	582	631.955
22012	2	-1.814	2.978	18.503	578	628.470
22012	2	-1.798	2.964	18.604	582	624.652
22012	2	-1.919	3.255	18.290	585	626.451
22012	2	-1.748	2.993	18.727	577	625.232
22013	2	-1.660	2.794	18.768	668	642.788
22013	2	-1.551	2.374	18.276	661	639.693
22013	2	-1.564	2.348	17.478	568	637.692
22013	2	-1.463	2.920	17.417	568	636.479
22013	2	-1.603	2.057	17.303	568	637.363
22021	2	-2.561	2.913	16.092	483	630.950
22021	2	-2.616	2.980	16.195	482	632.494
22021	2	-2.575	2.984	16.252	484	630.557
22021	2	-2.604	2.927	16.247	486	628.595
22021	2	-2.598	2.918	16.483	488	628.107
22022	2	-2.659	3.026	16.962	510	649.456
22022	2	-2.668	2.930	16.914	514	641.304
22022	2	-2.687	2.912	16.895	519	635.783
22022	2	-2.671	2.924	16.891	520	638.344

22022	2	-2.716	2.891	17.050	523	636.328
22023	2	-2.693	1.704	16.315	543	682.941
22023	2	-2.755	3.236	16.306	547	684.186
22023	2	-2.747	2.565	16.122	551	688.635
22023	2	-2.712	2.890	16.112	550	686.941
22023	2	-2.749	2.870	16.050	551	687.996
22031	2	-2.131	1.813	14.616	626	617.426
22031	2	-2.268	2.584	14.269	630	611.696
22031	2	-2.187	2.740	15.353	629	625.418
22031	2	-2.210	2.590	15.734	627	629.433
22031	2	-2.418	2.816	15.977	627	620.400
22032	2	-1.883	3.075	20.611	616	653.886
22032	2	-1.957	3.015	20.671	619	658.466
22032	2	-1.994	2.612	20.982	620	655.362
22032	2	-2.050	2.990	20.777	624	656.475
22032	2	-1.948	2.122	20.433	632	655.667
22033	2	-1.695	2.335	16.564	599	646.503
22033	2	-1.705	2.873	16.042	596	646.272
22033	2	-1.636	2.587	15.989	594	640.899
22033	2	-1.226	2.340	16.293	596	642.838
22033	2	-1.687	2.667	16.300	599	643.068
22051	2	-1.684	2.799	13.999	581	671.788
22051	2	-1.636	2.572	13.961	572	671.072
22051	2	-0.804	2.395	13.441	565	676.342
22051	2	-1.483	2.686	13.315	565	671.092
22051	2	-1.672	2.681	13.642	572	672.230
22052	2	-1.539	2.679	13.597	586	676.638

22052	2	-1.518	2.701	13.442	584	680.286
22052	2	-1.483	2.723	13.383	582	676.253
22052	2	-1.475	2.633	13.179	578	667.184
22052	2	-1.376	2.304	12.932	569	673.432
22053	2	-1.599	2.415	13.296	586	672.713
22053	2	-1.634	2.359	12.216	582	666.999
22053	2	-1.649	2.335	12.234	581	666.633
22053	2	-1.641	2.460	11.870	578	666.426
22053	2	-1.584	2.483	11.685	581	665.352
22111	2	-3.006	2.236	15.267	652	630.187
22111	2	-3.050	2.169	14.825	656	628.115
22111	2	-3.030	2.124	14.149	654	629.304
22111	2	-3.066	2.519	13.533	650	632.288
22111	2	-3.039	2.298	13.203	643	629.172
22112	2	-2.725	2.210	9.568	609	647.130
22112	2	-2.730	2.226	9.528	609	649.622
22112	2	-2.797	2.097	9.160	607	644.754
22112	2	-2.833	2.279	9.631	608	644.887
22112	2	-2.819	2.453	9.900	612	640.333
22113	2	-2.960	2.117	7.986	598	626.011
22113	2	-2.967	2.135	9.018	608	618.218
22113	2	-3.080	2.088	10.089	617	619.102
22113	2	-3.006	2.107	10.379	625	618.779
22113	2	-2.932	2.103	10.465	628	620.749

부록 2

로짓과 확률값 계산 테스트용으로 사용된 남성 실험 데이터
(num. of token=150)

file	nasality	slope	slopeZtoMax	ltasSlope	matchF$_0$	centroid
12101	1	-3.101	1.865	8.303	726	703.441
12101	1	-3.004	1.906	8.485	724	700.573
12101	1	-2.916	1.958	8.482	724	695.308
12101	1	-3.100	1.924	8.563	726	688.654
12101	1	-3.055	1.995	8.919	727	699.217
12102	1	-2.912	2.117	12.646	751	710.341
12102	1	-2.939	2.494	12.797	745	708.814
12102	1	-2.954	2.389	12.652	747	709.611
12102	1	-2.919	2.372	13.087	746	708.122
12102	1	-2.948	1.659	12.923	742	710.939
12103	1	-2.868	2.121	12.481	742	710.162
12103	1	-2.850	2.294	12.061	743	709.992
12103	1	-2.938	2.468	12.592	750	714.407
12103	1	-2.845	2.376	12.828	739	718.190
12103	1	-2.882	2.531	12.558	736	721.495
12131	1	-2.277	2.911	18.357	688	668.528
12131	1	-2.239	2.876	18.383	693	671.986
12131	1	-2.203	2.792	18.219	699	674.505
12131	1	-2.275	2.875	18.306	700	673.598

12131	1	−2.279	2.166	18.409	699	672.085
12132	1	−2.117	2.227	19.126	694	662.122
12132	1	−2.135	2.962	18.882	695	660.989
12132	1	−2.171	3.122	18.873	693	659.313
12132	1	−2.194	2.969	18.469	697	657.675
12132	1	−2.211	2.645	18.408	698	657.055
12133	1	−2.293	2.520	18.418	710	661.295
12133	1	−2.297	2.406	18.639	704	661.492
12133	1	−2.297	3.024	18.606	704	659.699
12133	1	−2.340	2.993	18.385	707	657.904
12133	1	−2.361	2.990	18.147	709	655.238
12181	1	−3.033	1.816	9.548	798	699.087
12181	1	−3.033	1.999	9.840	810	702.905
12181	1	−3.032	2.191	10.120	819	702.622
12181	1	−3.171	1.955	10.461	663	701.863
12181	1	−3.200	2.738	10.938	670	698.975
12182	1	−3.208	2.257	13.940	633	657.259
12182	1	−3.205	2.900	14.038	636	656.973
12182	1	−3.217	2.674	14.419	637	657.891
12182	1	−3.283	2.389	14.710	636	657.960
12182	1	−3.322	2.336	15.044	641	657.647
12183	1	−3.242	2.391	13.810	630	655.048
12183	1	−3.361	2.356	13.664	631	647.572
12183	1	−3.367	2.392	13.975	633	651.495
12183	1	−3.321	2.750	14.268	633	650.818
12183	1	−3.307	3.016	14.093	634	647.444
12191	1	−2.571	2.709	17.954	626	691.418

12191	1	-2.546	2.067	18.535	626	687.849
12191	1	-2.527	2.111	17.713	619	683.581
12191	1	-2.493	2.717	18.113	616	683.986
12191	1	-2.477	2.342	18.266	612	681.409
12192	1	-2.713	2.501	17.489	646	704.537
12192	1	-2.843	2.627	17.193	654	704.389
12192	1	-2.883	2.464	16.723	659	700.641
12192	1	-2.870	2.500	17.031	663	692.000
12192	1	-2.849	2.578	17.206	660	695.727
12193	1	-2.688	2.698	18.664	635	679.744
12193	1	-2.681	2.695	18.325	637	682.507
12193	1	-2.671	2.694	18.366	639	678.139
12193	1	-2.721	1.655	18.382	644	680.155
12193	1	-2.862	2.706	17.608	654	679.361
12201	1	-2.605	2.424	19.518	616	672.397
12201	1	-2.595	2.828	19.930	610	671.911
12201	1	-2.542	2.915	20.694	605	673.975
12201	1	-2.512	2.895	20.990	597	673.908
12201	1	-2.510	2.962	20.789	593	684.894
12202	1	-2.506	2.789	19.819	657	696.000
12202	1	-2.429	2.791	19.973	646	698.293
12202	1	-2.461	2.737	19.571	645	702.465
12202	1	-2.484	2.741	19.698	637	706.641
12202	1	-2.455	2.576	14.497	751	706.482
12203	1	-2.534	2.041	19.520	647	663.003
12203	1	-2.480	2.020	19.578	645	665.548
12203	1	-2.472	2.570	19.946	650	667.885

12203	1	−2.436	2.765	19.912	651	665.216
12203	1	−2.461	2.770	20.187	651	670.340
22121	2	−3.412	2.361	14.430	597	681.441
22121	2	−3.506	2.795	14.745	594	682.307
22121	2	−3.404	3.116	14.629	595	685.223
22121	2	−3.427	2.525	14.630	600	682.705
22121	2	−3.432	2.799	14.310	608	687.995
22122	2	−3.320	2.955	16.103	571	643.934
22122	2	−3.359	2.671	15.830	577	650.581
22122	2	−3.447	2.665	15.722	582	650.621
22122	2	−3.358	2.619	15.620	586	653.054
22122	2	−3.434	2.781	15.333	592	651.654
22123	2	−3.517	2.619	13.876	576	659.666
22123	2	−3.545	2.267	13.986	583	656.795
22123	2	−3.528	2.582	14.077	588	662.055
22123	2	−3.542	2.438	14.298	592	663.702
22123	2	−3.518	2.885	13.984	601	666.667
22141	2	−2.356	2.279	5.094	707	675.399
22141	2	−2.236	2.109	4.481	711	665.394
22141	2	−2.280	2.017	3.442	710	649.151
22141	2	−2.203	2.209	2.657	704	638.391
22141	2	−2.157	2.008	2.918	700	630.505
22142	2	−2.242	3.155	30.733	311	572.918
22142	2	−2.167	3.444	30.131	313	561.809
22142	2	−2.291	3.921	29.152	310	569.160
22142	2	−2.230	2.540	29.360	307	573.130
22142	2	−2.167	3.593	28.489	308	592.255

22143	2	−2.091	4.193	28.435	300	562.444
22143	2	−2.046	3.496	26.919	305	542.700
22143	2	−2.122	4.314	27.364	304	491.976
22143	2	−2.121	4.003	29.347	295	485.605
22143	2	−2.183	3.759	28.247	291	494.254
22151	2	−1.558	2.450	16.631	655	701.377
22151	2	−1.639	2.792	16.259	665	699.029
22151	2	−1.714	2.422	16.282	671	695.831
22151	2	−1.770	2.659	15.967	674	701.514
22151	2	−1.716	1.982	15.963	678	701.173
22152	2	−1.852	2.045	15.684	703	722.834
22152	2	−1.260	2.367	15.351	714	723.890
22152	2	−1.400	2.016	15.627	732	721.256
22152	2	−1.631	1.933	15.197	742	710.726
22152	2	−1.599	1.516	15.156	750	713.240
22153	2	−1.476	2.450	14.768	739	719.551
22153	2	−1.497	2.314	15.096	745	713.956
22153	2	−1.626	2.491	14.852	753	711.881
22153	2	−1.683	2.440	14.950	662	713.657
22153	2	−1.729	2.597	15.169	676	712.493
22161	2	−2.482	1.972	16.922	638	636.011
22161	2	−2.511	2.728	16.592	637	635.002
22161	2	−2.383	2.058	16.787	639	624.024
22161	2	−2.348	2.929	17.036	633	624.853
22161	2	−2.342	2.946	17.777	628	622.235
22162	2	−2.291	2.962	19.020	638	633.972
22162	2	−2.383	2.373	18.473	643	629.908

22162	2	-2.321	3.069	19.052	639	630.421
22162	2	-2.358	3.209	19.108	637	629.911
22162	2	-2.374	2.172	18.968	634	632.175
22163	2	-2.423	2.902	17.580	647	626.003
22163	2	-2.415	2.273	16.550	644	620.891
22163	2	-2.336	2.548	16.712	636	619.015
22163	2	-2.427	2.801	16.289	643	621.984
22163	2	-2.336	2.995	17.461	628	629.295
22171	2	-1.690	2.024	18.605	678	693.352
22171	2	-1.682	2.003	18.684	676	694.808
22171	2	-1.681	1.989	18.610	680	697.146
22171	2	-1.665	1.926	18.592	683	700.380
22171	2	-1.676	1.951	18.681	680	699.895
22172	2	-1.662	1.677	18.332	696	719.908
22172	2	-1.659	1.725	18.809	704	711.534
22172	2	-1.614	1.719	18.669	711	714.297
22172	2	-1.718	1.705	18.189	717	711.180
22172	2	-1.795	1.806	19.016	729	703.557
22173	2	-1.570	1.661	18.464	707	737.589
22173	2	-1.541	1.617	18.290	713	746.676
22173	2	-1.552	1.622	18.391	719	750.551
22173	2	-1.523	1.660	18.645	725	754.463
22173	2	-1.508	1.714	19.198	728	753.269

부록 3

확률값을 이용하여 집단을 분류한 결과(남성, 5개 음향변수 이용)

nasality	irow	slope	slpZM	ltas_Slp	matchF0	centroid	logit	prob	class
1	1	-3.101	1.865	8.303	726	703.441	-11.03398	0.00002	1
1	2	-3.004	1.906	8.485	724	700.573	-9.84474	0.00005	1
1	3	-2.916	1.958	8.482	724	695.308	-8.63725	0.00018	1
1	4	-3.1	1.924	8.563	726	688.654	-9.9644	0.00005	1
1	5	-3.055	1.995	8.919	727	699.217	-10.50474	0.00003	1
1	6	-2.912	2.117	12.646	751	710.341	-11.93003	0.000007	1
1	7	-2.939	2.494	12.797	745	708.814	-12.01473	0.000006	1
1	8	-2.954	2.389	12.652	747	709.611	-12.23369	0.000005	1
1	9	-2.919	2.372	13.087	746	708.122	-11.79486	0.000008	1
1	10	-2.948	1.659	12.923	742	710.939	-11.60939	0.000009	1
1	11	-2.868	2.121	12.481	742	710.162	-11.00722	0.00002	1
1	12	-2.85	2.294	12.061	743	709.992	-10.91538	0.00002	1
1	13	-2.938	2.468	12.592	750	714.407	-12.64677	0.000003	1
1	14	-2.845	2.376	12.828	739	718.19	-11.46565	0.00001	1
1	15	-2.882	2.531	12.558	736	721.495	-11.96754	0.000006	1
1	16	-2.277	2.911	18.357	688	668.528	-0.82972	0.30371	1
1	17	-2.239	2.876	18.383	693	671.986	-0.97834	0.27322	1
1	18	-2.203	2.792	18.219	699	674.505	-1.0646	0.25643	1
1	19	-2.275	2.875	18.306	700	673.598	-1.79459	0.14251	1

1	20	-2.279	2.166	18.409	699	672.085	-1.24028	0.22439	1
1	21	-2.117	2.227	19.126	694	662.122	1.16866	0.7629	2
1	22	-2.135	2.962	18.882	695	660.989	0.61618	0.64935	2
1	23	-2.171	3.122	18.873	693	659.313	0.41019	0.60113	2
1	24	-2.194	2.969	18.469	697	657.675	0.27042	0.5672	2
1	25	-2.211	2.645	18.408	698	657.055	0.3161	0.57837	2
1	26	-2.293	2.52	18.418	710	661.295	-1.3354	0.20827	1
1	27	-2.297	2.406	18.639	704	661.492	-1.04126	0.26091	1
1	28	-2.297	3.024	18.606	704	659.699	-1.28167	0.21727	1
1	29	-2.34	2.993	18.385	707	657.904	-1.65209	0.16083	1
1	30	-2.361	2.99	18.147	709	655.238	-1.70962	0.15321	1
1	31	-3.033	1.816	9.548	798	699.087	-13.96837	0.0000009	1
1	32	-3.033	1.999	9.84	810	702.905	-15.04701	0.0000003	1
1	33	-3.032	2.191	10.12	819	702.622	-15.64806	0.0000002	1
1	34	-3.171	1.955	10.461	663	701.863	-8.70312	0.00017	1
1	35	-3.2	2.738	10.938	670	698.975	-9.68259	0.00006	1
1	36	-3.208	2.257	13.94	633	657.259	-4.80689	0.00811	1
1	37	-3.205	2.9	14.038	636	656.973	-5.32752	0.00483	1
1	38	-3.217	2.674	14.419	637	657.891	-5.48491	0.00413	1
1	39	-3.283	2.389	14.71	636	657.96	-5.93351	0.00264	1
1	40	-3.322	2.336	15.044	641	657.647	-6.55983	0.00141	1
1	41	-3.242	2.391	13.81	630	655.048	-4.86511	0.00765	1
1	42	-3.361	2.356	13.664	631	647.572	-5.42386	0.00439	1
1	43	-3.367	2.392	13.975	633	651.495	-5.95921	0.00258	1
1	44	-3.321	2.75	14.268	633	650.818	-5.74068	0.0032	1
1	45	-3.307	3.016	14.093	634	647.444	-5.53723	0.00392	1
1	46	-2.571	2.709	17.954	626	691.418	-1.96386	0.12305	1

1	47	−2.546	2.067	18.535	626	687.849	−1.14701	0.24104	1
1	48	−2.527	2.111	17.713	619	683.581	−0.16931	0.45777	1
1	49	−2.493	2.717	18.113	616	683.986	−0.16304	0.45933	1
1	50	−2.477	2.342	18.266	612	681.409	0.60325	0.6464	2
1	51	−2.713	2.501	17.489	646	704.537	−5.15559	0.00573	1
1	52	−2.843	2.627	17.193	654	704.389	−6.82266	0.00109	1
1	53	−2.883	2.464	16.723	659	700.641	−6.99621	0.00091	1
1	54	−2.87	2.5	17.031	663	692	−6.48761	0.00152	1
1	55	−2.849	2.578	17.206	660	695.727	−6.49621	0.00151	1
1	56	−2.688	2.698	18.664	635	679.744	−2.74914	0.06014	1
1	57	−2.681	2.695	18.325	637	682.507	−2.94311	0.05006	1
1	58	−2.671	2.694	18.366	639	678.139	−2.622	0.06774	1
1	59	−2.721	1.655	18.382	644	680.155	−2.86839	0.05374	1
1	60	−2.862	2.706	17.608	654	679.361	−5.19142	0.00553	1
1	61	−2.605	2.424	19.518	616	672.397	−0.37625	0.40703	1
1	62	−2.595	2.828	19.93	610	671.911	−0.24928	0.438	1
1	63	−2.542	2.915	20.694	605	673.975	0.17698	0.54413	2
1	64	−2.512	2.895	20.99	597	673.908	0.84719	0.69998	2
1	65	−2.51	2.962	20.789	593	684.894	0.21897	0.55453	2
1	66	−2.506	2.789	19.819	657	696	−3.66268	0.02502	1
1	67	−2.429	2.791	19.973	646	698.293	−2.56363	0.07152	1
1	68	−2.461	2.737	19.571	645	702.465	−3.03785	0.04574	1
1	69	−2.484	2.741	19.698	637	706.641	−3.18428	0.03976	1
1	70	−2.455	2.576	14.497	751	706.482	−7.88541	0.00038	1
1	71	−2.534	2.041	19.52	647	663.003	−0.3546	0.41227	1
1	72	−2.48	2.02	19.578	645	665.548	0.06885	0.5172	2
1	73	−2.472	2.57	19.946	650	667.885	−0.69609	0.33268	1

1	74	−2.436	2.765	19.912	651	665.216	−0.31706	0.42139	1
1	75	−2.461	2.77	20.187	651	670.34	−0.99589	0.26975	1
2	76	−3.412	2.361	14.43	597	681.441	−6.87348	0.00103	1
2	77	−3.506	2.795	14.745	594	682.307	−7.99513	0.00034	1
2	78	−3.404	3.116	14.629	595	685.223	−7.48578	0.00056	1
2	79	−3.427	2.525	14.63	600	682.705	−7.40299	0.00061	1
2	80	−3.432	2.799	14.31	608	687.995	−8.39234	0.00023	1
2	81	−3.32	2.955	16.103	571	643.934	−2.39988	0.08318	1
2	82	−3.359	2.671	15.83	577	650.581	−3.37294	0.03315	1
2	83	−3.447	2.665	15.722	582	650.621	−4.4488	0.01156	1
2	84	−3.358	2.619	15.62	586	653.054	−3.95578	0.01878	1
2	85	−3.434	2.781	15.333	592	651.654	−4.93456	0.00714	1
2	86	−3.517	2.619	13.876	576	659.666	−5.17081	0.00565	1
2	87	−3.545	2.267	13.986	583	656.795	−5.37819	0.00459	1
2	88	−3.528	2.582	14.077	588	662.055	−6.09238	0.00225	1
2	89	−3.542	2.438	14.298	592	663.702	−6.50602	0.00149	1
2	90	−3.518	2.885	13.984	601	666.667	−7.20194	0.00074	1
2	91	−2.356	2.279	5.094	707	675.399	−0.56757	0.3618	1
2	92	−2.236	2.109	4.481	711	665.394	1.3362	0.79186	2
2	93	−2.28	2.017	3.442	710	649.151	2.44637	0.9203	2
2	94	−2.203	2.209	2.657	704	638.391	4.3237	0.98692	2
2	95	−2.157	2.008	2.918	700	630.505	5.65762	0.99652	2
2	96	−2.242	3.155	30.733	311	572.918	24.32385	1	2
2	97	−2.167	3.444	30.131	313	561.809	25.7034	1	2
2	98	−2.291	3.921	29.152	310	569.16	23.97975	1	2
2	99	−2.23	2.54	29.36	307	573.13	25.23221	1	2
2	100	−2.167	3.593	28.489	308	592.255	23.79089	1	2

2	101	-2.091	4.193	28.435	300	562.444	26.85861	1	2
2	102	-2.046	3.496	26.919	305	542.7	29.22223	1	2
2	103	-2.122	4.314	27.364	304	491.976	31.88018	1	2
2	104	-2.121	4.003	29.347	295	485.605	32.72209	1	2
2	105	-2.183	3.759	28.247	291	494.254	32.00523	1	2
2	106	-1.558	2.45	16.631	655	701.377	5.73432	0.99678	2
2	107	-1.639	2.792	16.259	665	699.029	4.47507	0.98874	2
2	108	-1.714	2.422	16.282	671	695.831	3.92469	0.98063	2
2	109	-1.77	2.659	15.967	674	701.514	2.70398	0.93726	2
2	110	-1.716	1.982	15.963	678	701.173	3.455	0.96938	2
2	111	-1.852	2.045	15.684	703	722.834	-0.79584	0.31092	1
2	112	-1.26	2.367	15.351	714	723.89	4.01429	0.98226	2
2	113	-1.4	2.016	15.627	732	721.256	2.12801	0.8936	2
2	114	-1.631	1.933	15.197	742	710.726	0.35063	0.58677	2
2	115	-1.599	1.516	15.156	750	713.24	0.30984	0.57685	2
2	116	-1.476	2.45	14.768	739	719.551	1.0439	0.7396	2
2	117	-1.497	2.314	15.096	745	713.956	0.99537	0.73015	2
2	118	-1.626	2.491	14.852	753	711.881	-0.5539	0.36496	1
2	119	-1.683	2.44	14.95	662	713.657	3.51711	0.97117	2
2	120	-1.729	2.597	15.169	676	712.493	2.31009	0.90971	2
2	121	-2.482	1.972	16.922	638	636.011	3.14567	0.95874	2
2	122	-2.511	2.728	16.592	637	635.002	2.58421	0.92984	2
2	123	-2.383	2.058	16.787	639	624.024	4.92312	0.99278	2
2	124	-2.348	2.929	17.036	633	624.853	4.92197	0.99277	2
2	125	-2.342	2.946	17.777	628	622.235	5.31055	0.99509	2
2	126	-2.291	2.962	19.02	638	633.972	4.16002	0.98463	2
2	127	-2.383	2.373	18.473	643	629.908	3.79499	0.97801	2

2	128	-2.321	3.069	19.052	639	630.421	4.02557	0.98246	2
2	129	-2.358	3.209	19.108	637	629.911	3.72227	0.97639	2
2	130	-2.374	2.172	18.968	634	632.175	4.21884	0.9855	2
2	131	-2.423	2.902	17.58	647	626.003	3.3239	0.96524	2
2	132	-2.415	2.273	16.55	644	620.891	4.50577	0.98908	2
2	133	-2.336	2.548	16.712	636	619.015	5.61797	0.99638	2
2	134	-2.427	2.801	16.289	643	621.984	4.07403	0.98328	2
2	135	-2.336	2.995	17.461	628	629.295	4.84423	0.99219	2
2	136	-1.69	2.024	18.605	678	693.352	3.85215	0.97921	2
2	137	-1.682	2.003	18.684	676	694.808	3.92016	0.98055	2
2	138	-1.681	1.989	18.61	680	697.146	3.56222	0.97241	2
2	139	-1.665	1.926	18.592	683	700.38	3.35084	0.96613	2
2	140	-1.676	1.951	18.681	680	699.895	3.4101	0.96802	2
2	141	-1.662	1.677	18.332	696	719.908	1.3961	0.80156	2
2	142	-1.659	1.725	18.809	704	711.534	1.54672	0.82444	2
2	143	-1.614	1.719	18.669	711	714.297	1.42266	0.80575	2
2	144	-1.718	1.705	18.189	717	711.18	0.45114	0.61091	2
2	145	-1.795	1.806	19.016	729	703.557	-0.51141	0.37486	1
2	146	-1.57	1.661	18.464	707	737.589	0.32314	0.58009	2
2	147	-1.541	1.617	18.29	713	746.676	-0.35842	0.41134	1
2	148	-1.552	1.622	18.391	719	750.551	-1.09239	0.25117	1
2	149	-1.523	1.66	18.645	725	754.463	-1.4953	0.18313	1
2	150	-1.508	1.714	19.198	728	753.269	-1.53979	0.17657	1

부록 4

Praat 비성도 변수만을 이용한 남성 실험 데이터(latterHalf)를 대상으로 훈련 데이터의 회귀방정식(formerHalf)을 적용하여 구한 로짓 값과 그 로짓을 이용하여 구한 확률값

nasality	irow	nasalance	logit	prob	classifcation
1	1	51.181	-2.96088	0.04922	1
1	2	51.968	-2.64293	0.06643	1
1	3	51.67	-2.76332	0.05934	1
1	4	51.453	-2.85099	0.05463	1
1	5	51.884	-2.67686	0.06435	1
1	6	55.147	-1.35861	0.20447	1
1	7	55.163	-1.35215	0.20552	1
1	8	55.245	-1.31902	0.21098	1
1	9	55.159	-1.35376	0.20526	1
1	10	55.279	-1.30528	0.21328	1
1	11	53.33	-2.09268	0.10981	1
1	12	53.622	-1.97471	0.12188	1
1	13	53.829	-1.89108	0.13112	1
1	14	53.894	-1.86482	0.13414	1
1	15	53.544	-2.00622	0.11855	1
1	16	65.124	2.6721	0.93536	2
1	17	65.86	2.96944	0.95117	2
1	18	66.518	3.23527	0.96214	2

1	19	66.685	3.30274	0.96452	2
1	20	66.619	3.27608	0.9636	2
1	21	67.828	3.76451	0.97735	2
1	22	67.512	3.63685	0.97434	2
1	23	67.253	3.53221	0.97159	2
1	24	67.242	3.52777	0.97147	2
1	25	67.301	3.5516	0.97212	2
1	26	64.231	2.31132	0.90981	2
1	27	64.022	2.22689	0.90264	2
1	28	63.869	2.16508	0.89707	2
1	29	63.845	2.15538	0.89617	2
1	30	63.97	2.20588	0.90078	2
1	31	68.934	4.21134	0.98539	2
1	32	68.761	4.14144	0.98435	2
1	33	69.115	4.28446	0.98641	2
1	34	69.071	4.26668	0.98617	2
1	35	69.313	4.36445	0.98744	2
1	36	61.922	1.37849	0.79875	2
1	37	62.026	1.4205	0.80542	2
1	38	62.283	1.52433	0.82118	2
1	39	62.59	1.64836	0.83867	2
1	40	62.355	1.55342	0.82541	2
1	41	65.293	2.74037	0.93937	2
1	42	65.084	2.65594	0.93438	2
1	43	65.05	2.6422	0.93353	2
1	44	65.109	2.66604	0.93499	2
1	45	64.942	2.59857	0.93077	2

1	46	46.699	-4.7716	0.0084	1
1	47	46.702	-4.77039	0.00841	1
1	48	45.831	-5.12228	0.00593	1
1	49	46.545	-4.83382	0.00789	1
1	50	46.661	-4.78696	0.00827	1
1	51	47.027	-4.63909	0.00957	1
1	52	47.171	-4.58092	0.01014	1
1	53	46.008	-5.05077	0.00636	1
1	54	46.842	-4.71383	0.00889	1
1	55	46.004	-5.05238	0.00635	1
1	56	46.737	-4.75625	0.00852	1
1	57	47.365	-4.50254	0.01096	1
1	58	48.157	-4.18257	0.01503	1
1	59	49.519	-3.63232	0.02577	1
1	60	48.33	-4.11268	0.0161	1
1	61	48.182	-4.17247	0.01518	1
1	62	48.516	-4.03754	0.01734	1
1	63	49.641	-3.58304	0.02704	1
1	64	50.075	-3.4077	0.03206	1
1	65	49.23	-3.74908	0.023	1
1	66	66.549	3.2478	0.96259	2
1	67	66.815	3.35526	0.96628	2
1	68	66.744	3.32658	0.96533	2
1	69	66.476	3.2183	0.96152	2
1	70	65.946	3.00418	0.95276	2
1	71	65.963	3.01105	0.95307	2
1	72	66.124	3.0761	0.9559	2

1	73	66.557	3.25103	0.96271	2
1	74	66.736	3.32334	0.96522	2
1	75	67.223	3.52009	0.97125	2
2	76	50.351	-3.2962	0.0357	1
2	77	50.496	-3.23762	0.03777	1
2	78	49.557	-3.61697	0.02616	1
2	79	48.686	-3.96886	0.01854	1
2	80	48.865	-3.89654	0.01991	1
2	81	50.489	-3.24044	0.03767	1
2	82	50.13	-3.38548	0.03275	1
2	83	50.39	-3.28044	0.03625	1
2	84	50.915	-3.06834	0.04443	1
2	85	50.319	-3.30912	0.03526	1
2	86	52.519	-2.42032	0.08164	1
2	87	52.687	-2.35245	0.08687	1
2	88	52.951	-2.2458	0.09571	1
2	89	53.402	-2.06359	0.11269	1
2	90	53.648	-1.96421	0.12301	1
2	91	60.649	0.8642	0.70354	2
2	92	60.691	0.88116	0.70706	2
2	93	60.729	0.89652	0.71023	2
2	94	60.215	0.68886	0.66571	2
2	95	60.171	0.67108	0.66175	2
2	96	60.205	0.68482	0.66481	2
2	97	60.202	0.68361	0.66454	2
2	98	59.949	0.5814	0.64139	2
2	99	60.018	0.60927	0.64777	2

2	100	60.171	0.67108	0.66175	2
2	101	57.811	-0.28236	0.42988	1
2	102	58.87	0.14548	0.53631	2
2	103	58.237	-0.11025	0.47246	1
2	104	57.584	-0.37406	0.40756	1
2	105	57.158	-0.54617	0.36675	1
2	106	52.466	-2.44174	0.08004	1
2	107	51.969	-2.64252	0.06645	1
2	108	51.079	-3.00208	0.04733	1
2	109	51.642	-2.77463	0.05871	1
2	110	51.462	-2.84735	0.05482	1
2	111	51.407	-2.86957	0.05368	1
2	112	51.793	-2.71363	0.06217	1
2	113	52.485	-2.43406	0.08061	1
2	114	52.456	-2.44578	0.07975	1
2	115	52.342	-2.49183	0.07643	1
2	116	49.51	-3.63596	0.02568	1
2	117	51.011	-3.02956	0.04611	1
2	118	50.796	-3.11642	0.04244	1
2	119	51.101	-2.9932	0.04773	1
2	120	51.589	-2.79604	0.05754	1
2	121	65.962	3.01065	0.95305	2
2	122	65.846	2.96378	0.95091	2
2	123	65.806	2.94762	0.95015	2
2	124	66.488	3.22315	0.9617	2
2	125	67.657	3.69543	0.97577	2
2	126	67.386	3.58594	0.97304	2

2	127	66.736	3.32334	0.96522	2
2	128	66.959	3.41344	0.96812	2
2	129	66.805	3.35122	0.96614	2
2	130	66.79	3.34516	0.96595	2
2	131	69.963	4.62705	0.99031	2
2	132	69.411	4.40404	0.98792	2
2	133	69.128	4.28971	0.98648	2
2	134	68.469	4.02348	0.98242	2
2	135	69.556	4.46262	0.9886	2
2	136	65.256	2.72542	0.93851	2
2	137	65.532	2.83693	0.94464	2
2	138	65.809	2.94884	0.95021	2
2	139	66.417	3.19447	0.96063	2
2	140	66.518	3.23527	0.96214	2
2	141	68.942	4.21457	0.98544	2
2	142	69.668	4.50787	0.9891	2
2	143	70.83	4.97732	0.99315	2
2	144	71.167	5.11347	0.99402	2
2	145	70.839	4.98096	0.99318	2
2	146	67.112	3.47525	0.96998	2
2	147	68.045	3.85218	0.97921	2
2	148	69.11	4.28244	0.98638	2
2	149	69.518	4.44727	0.98843	2
2	150	69.771	4.54948	0.98954	2

부록 5

로지스틱 회귀방정식을 구하기 위한 훈련용 데이터 (latterHalf_female.sav: 5개 음향변수, 여성, 마지막 열의 nasalance는 참고용)

file	nasality	iframe	h1h2	slope	slopeZToMax	ltasSlope	matchF0	nasalance
11121	1	1	-10.90	-3.539	2.244	10.264	712	39.5
11121	1	2	-10.92	-3.513	2.087	10.357	711	39.9
11121	1	3	-11.19	-3.564	2.283	10.233	709	40.1
11121	1	4	-11.44	-3.493	2.088	10.138	705	40.0
11121	1	5	-11.83	-3.481	2.011	9.584	874	39.8
11122	1	1	-10.95	-3.667	1.258	7.921	864	40.2
11122	1	2	-10.99	-3.718	1.735	7.804	866	40.7
11122	1	3	-10.67	-3.704	1.802	8.802	696	40.9
11122	1	4	-10.59	-3.554	1.894	8.289	867	41.5
11122	1	5	-10.78	-3.579	1.697	15.085	516	41.8
11123	1	1	-11.23	-3.544	1.649	7.332	852	41.2
11123	1	2	-11.00	-3.780	1.953	7.883	688	41.3
11123	1	3	-10.92	-3.639	1.896	7.606	691	41.4
11123	1	4	-10.52	-3.651	1.981	7.647	698	41.8
11123	1	5	-10.50	-3.627	1.647	7.343	702	41.9
11141	1	1	-6.12	-3.981	1.472	5.673	1,054	41.6
11141	1	2	-5.85	-3.896	1.530	5.438	1,056	41.6
11141	1	3	-5.87	-3.854	1.091	5.252	1,057	41.6

11141	1	4	-5.67	-3.925	1.076	5.248	1,063	41.6
11141	1	5	-5.80	-3.850	1.165	5.089	1,064	41.5
11142	1	1	-6.38	-3.977	1.990	6.033	849	42.1
11142	1	2	-5.87	-3.900	1.940	6.252	855	42.1
11142	1	3	-5.84	-3.919	1.370	5.862	856	42.0
11142	1	4	-5.84	-3.889	1.559	5.835	856	42.1
11142	1	5	-5.62	-3.940	1.556	5.751	861	42.0
11143	1	1	-4.85	-4.015	2.030	6.167	1,079	42.3
11143	1	2	-5.05	-4.112	1.140	5.865	1,081	42.2
11143	1	3	-5.26	-4.049	1.576	6.260	1,079	42.3
11143	1	4	-5.40	-4.015	2.097	5.831	1,080	42.3
11143	1	5	-4.98	-4.058	2.040	5.800	1,081	42.3
11151	1	1	-6.21	-4.058	2.003	7.236	830	44.5
11151	1	2	-6.19	-4.084	2.156	7.708	827	44.5
11151	1	3	-6.24	-4.007	2.180	7.803	822	44.5
11151	1	4	-6.12	-4.015	2.064	7.598	824	44.5
11151	1	5	-6.26	-4.002	2.004	7.611	822	44.5
11152	1	1	-4.54	-3.827	1.922	8.039	824	45.8
11152	1	2	-3.65	-3.818	1.988	8.125	824	45.8
11152	1	3	-4.30	-3.845	2.236	8.197	822	45.9
11152	1	4	-3.73	-3.825	1.838	7.045	831	46.0
11152	1	5	-3.42	-3.876	0.671	7.806	827	46.0
11153	1	1	-3.38	-3.704	1.480	8.111	840	45.8
11153	1	2	-3.14	-3.722	1.801	7.964	838	45.9
11153	1	3	-3.20	-3.620	1.839	8.111	838	45.9
11153	1	4	-3.07	-3.656	1.579	7.922	838	46.0
11153	1	5	-3.06	-3.625	1.962	7.888	841	46.0

11161	1	1	-6.11	-3.914	1.287	14.295	692	44.9
11161	1	2	-6.12	-4.011	2.817	14.471	694	44.7
11161	1	3	-6.31	-4.065	1.364	14.744	694	44.4
11161	1	4	-6.33	-4.051	1.940	14.822	695	44.1
11161	1	5	-6.29	-3.992	1.760	14.758	693	44.0
11162	1	1	-11.03	-3.611	1.826	7.905	855	39.8
11162	1	2	-10.94	-3.603	1.875	7.729	859	40.0
11162	1	3	-10.91	-3.686	1.965	7.893	865	40.4
11162	1	4	-10.78	-3.735	1.789	7.770	870	40.8
11162	1	5	-10.64	-3.570	1.727	7.808	868	41.3
11163	1	1	-10.98	-3.622	1.793	7.101	854	41.2
11163	1	2	-11.25	-3.562	1.653	7.339	853	41.2
11163	1	3	-10.98	-3.762	1.974	7.882	687	41.3
11163	1	4	-10.84	-3.663	1.241	7.581	692	41.5
11163	1	5	-10.54	-3.652	1.985	7.644	698	41.8
11201	1	1	-7.25	-4.049	1.566	2.853	979	36.9
11201	1	2	-7.29	-4.146	1.576	2.847	980	37.1
11201	1	3	-7.14	-4.282	1.623	3.202	981	37.1
11201	1	4	-7.00	-4.152	2.088	3.032	976	36.7
11201	1	5	-6.77	-4.153	1.542	2.934	973	36.9
11202	1	1	-7.31	-3.997	1.824	4.217	988	40.1
11202	1	2	-7.40	-3.950	1.777	4.090	994	40.0
11202	1	3	-7.55	-3.977	1.707	4.324	990	40.3
11202	1	4	-7.41	-4.085	1.526	4.380	991	40.4
11202	1	5	-7.03	-4.008	1.810	3.651	1,000	40.2
11203	1	1	-6.18	-3.824	1.549	6.799	967	39.8
11203	1	2	-6.25	-3.849	1.301	6.644	966	39.9

11203	1	3	-5.99	-4.009	1.490	6.582	967	40.0
11203	1	4	-6.18	-3.893	1.818	6.319	964	39.8
11203	1	5	-6.12	-3.916	1.731	6.673	961	39.6
21111	2	3	-0.13	-3.767	1.024	3.878	820	48.9
21111	2	4	-0.01	-3.715	1.573	3.230	822	49.0
21111	2	5	0.20	-3.757	1.293	3.352	824	49.1
21112	2	1	-6.80	-3.799	1.926	6.058	787	49.4
21112	2	2	-7.40	-3.708	2.404	5.789	782	49.5
21112	2	3	-7.59	-3.803	2.028	5.078	781	48.9
21112	2	4	-7.57	-3.752	2.178	4.904	782	49.0
21112	2	5	-7.26	-3.732	1.756	4.745	784	49.1
21113	2	1	-8.94	-3.759	2.236	5.962	765	49.3
21113	2	2	-8.47	-3.818	1.993	6.061	766	49.4
21113	2	3	-7.98	-3.868	1.565	6.067	771	47.8
21113	2	4	-7.69	-3.775	1.949	6.207	774	47.9
21113	2	5	-7.88	-3.802	1.966	5.638	773	48.0
21131	2	1	-6.06	-4.063	1.920	14.437	712	48.2
21131	2	2	-6.01	-4.050	2.165	14.459	713	48.3
21131	2	3	-5.97	-4.150	1.534	14.177	712	45.2
21131	2	4	-6.00	-4.135	1.781	14.056	711	45.2
21131	2	5	-6.11	-4.124	1.834	14.191	712	45.3
21132	2	1	-7.64	-3.937	2.898	14.631	686	45.3
21132	2	2	-7.59	-3.990	2.034	14.833	687	45.3
21132	2	3	-7.21	-4.041	1.743	14.840	692	44.3
21132	2	4	-6.95	-3.962	1.950	14.866	695	44.4
21132	2	5	-6.85	-4.112	2.167	15.079	698	44.4
21133	2	1	-7.24	-3.867	2.098	13.352	676	44.4

21133	2	2	-7.58	-3.842	1.681	13.660	673	44.5
21133	2	3	-7.28	-3.972	2.319	13.737	676	44.5
21133	2	4	-7.07	-3.996	2.145	13.455	679	44.5
21133	2	5	-6.93	-3.957	2.711	13.426	682	44.5
21171	2	1	-8.82	-3.935	2.210	9.490	803	44.5
21171	2	2	-8.98	-3.937	2.567	9.507	800	44.5
21171	2	3	-9.09	-3.994	2.485	9.484	799	45.8
21171	2	4	-9.12	-3.969	2.326	9.578	795	45.9
21171	2	5	-9.16	-3.904	1.670	9.498	793	46.0
21172	2	1	-10.00	-3.968	1.573	9.282	788	46.0
21172	2	2	-9.88	-3.936	2.004	9.295	787	46.1
21172	2	3	-9.67	-3.979	2.189	9.209	794	45.5
21172	2	4	-9.41	-3.904	2.225	9.637	796	45.6
21172	2	5	-9.40	-3.953	2.231	9.675	798	45.6
21173	2	1	-9.39	-4.047	2.432	8.084	780	45.7
21173	2	2	-9.20	-4.004	2.288	8.089	785	45.7
21173	2	3	-9.40	-4.028	1.661	8.357	784	44.9
21173	2	4	-9.74	-3.851	2.345	8.840	780	45.0
21173	2	5	-9.73	-3.988	2.339	9.000	781	45.1
21181	2	1	-1.78	-3.592	2.611	7.224	380	45.2
21181	2	2	-2.21	-3.644	1.162	2.727	766	45.2
21181	2	3	-1.50	-3.704	1.579	2.789	765	45.5
21181	2	4	-0.82	-3.589	1.271	2.208	772	45.4
21181	2	5	-0.80	-3.480	2.565	6.371	389	45.4
21182	2	1	-1.46	-3.663	0.616	4.271	779	45.7
21182	2	2	-1.14	-3.804	1.731	4.577	793	46.0
21182	2	3	-0.93	-3.743	1.734	4.911	804	45.3

21182	2	4	−0.06	−3.588	1.344	5.282	815	45.5
21182	2	5	0.49	−3.795	1.756	5.400	831	45.6
21183	2	1	−2.14	−3.884	1.845	3.546	797	45.5
21183	2	2	−1.21	−3.851	1.839	3.247	808	45.6
21183	2	3	−0.31	−3.828	1.973	3.243	823	46.4
21183	2	4	0.59	−3.781	1.483	2.971	839	46.5
21183	2	5	1.12	−3.891	1.372	3.346	853	46.5
21191	2	1	−3.80	−3.947	2.646	8.992	443	46.7
21191	2	2	−4.16	−3.820	0.756	10.663	681	46.5
21191	2	3	−4.13	−4.036	1.771	10.904	690	46.1
21191	2	4	−3.63	−3.933	2.124	10.346	689	46.1
21191	2	5	−2.96	−3.934	2.410	8.413	458	46.2
21192	2	1	−4.28	−3.935	3.182	9.779	430	46.3
21192	2	2	−4.40	−3.998	3.044	10.020	434	46.3
21192	2	3	−4.64	−4.007	1.829	10.227	435	44.5
21192	2	4	−4.61	−3.967	2.158	10.034	438	44.4
21192	2	5	−4.33	−4.084	4.011	9.626	441	44.6
21193	2	1	−3.66	−3.842	2.784	9.592	415	44.6
21193	2	2	−3.59	−3.813	2.564	9.506	413	44.6
21193	2	3	−3.65	−3.983	2.278	9.584	412	44.9
21193	2	4	−4.03	−3.855	2.628	9.997	413	44.8
21193	2	5	−4.23	−3.913	2.327	9.925	413	44.8

부 록 6

로짓값과 정분류 확률값을 구하는 데 사용된 실험 데이터(여성, 5개 음향변수, formerHalf_female, 마지막 열의 nasalance는 해당 없음)

file	nasality	iframe	h1h2	slope	slopeZToMax	ltasSlope	matchF0	nasalance
11021	1	1	-1.86	-3.558	1.184	7.188	766	48.39
11021	1	2	-1.94	-3.544	1.112	6.734	771	48.53
11021	1	3	-1.95	-3.618	1.678	6.833	769	48.48
11021	1	4	-1.98	-3.597	0.739	6.301	768	48.44
11021	1	5	-1.84	-3.447	1.557	6.663	769	48.51
11022	1	1	-5.42	-3.497	1.232	5.127	751	49.53
11022	1	2	-5.29	-3.446	1.909	5.649	754	49.50
11022	1	3	-5.33	-3.428	0.137	5.205	752	49.60
11022	1	4	-5.26	-3.508	1.694	5.183	751	49.58
11022	1	5	-5.36	-3.406	1.355	5.662	751	49.53
11023	1	1	-4.74	-3.414	1.705	5.488	768	48.88
11023	1	2	-4.86	-3.485	1.695	5.755	766	48.87
11023	1	3	-5.05	-3.424	1.505	6.011	767	48.89
11023	1	4	-5.29	-3.456	1.913	6.155	765	48.98
11023	1	5	-5.41	-3.497	1.663	5.945	764	48.99
11041	1	1	-12.19	-3.971	2.579	5.028	972	37.88
11041	1	2	-12.26	-3.943	2.006	4.976	970	37.81
11041	1	3	-12.35	-3.885	1.830	4.857	971	37.84

11041	1	4	−12.42	−3.932	1.961	4.832	974	37.96
11041	1	5	−12.45	−3.881	2.143	5.033	973	38.02
11042	1	1	−11.80	−3.767	2.507	7.138	787	38.49
11042	1	2	−12.07	−3.793	2.286	7.072	783	38.40
11042	1	3	−11.99	−3.875	2.728	7.104	783	38.55
11042	1	4	−11.92	−3.863	2.607	7.117	782	38.50
11042	1	5	−11.56	−3.844	2.216	7.115	787	38.24
11043	1	1	−10.98	−3.808	2.121	6.678	794	37.50
11043	1	2	−10.68	−3.792	2.354	6.764	793	37.49
11043	1	3	−10.87	−3.751	2.414	6.783	793	37.53
11043	1	4	−11.22	−3.776	1.638	6.823	789	37.57
11043	1	5	−11.29	−3.744	1.655	6.898	786	37.43
11051	1	1	−5.56	−3.800	1.858	6.023	786	48.11
11051	1	2	−5.51	−3.895	1.254	5.870	789	48.03
11051	1	3	−5.41	−3.791	1.829	6.095	788	48.04
11051	1	4	−5.60	−3.849	1.736	5.797	788	48.16
11051	1	5	−5.73	−3.894	1.536	5.981	784	48.13
11052	1	1	−7.77	−3.895	2.055	6.075	770	47.82
11052	1	2	−7.79	−3.886	2.239	6.284	775	47.59
11052	1	3	−7.78	−3.885	1.404	6.571	774	47.61
11052	1	4	−7.68	−3.741	2.093	6.504	773	47.61
11052	1	5	−7.52	−3.804	2.277	6.191	772	47.69
11053	1	1	−6.55	−3.641	1.490	6.076	757	46.99
11053	1	2	−6.36	−3.707	1.836	6.453	761	47.08
11053	1	3	−6.24	−3.685	2.111	6.326	765	47.12
11053	1	4	−6.10	−3.665	2.092	6.386	766	47.27
11053	1	5	−5.91	−3.769	1.482	6.297	772	47.29

11091	1	1	-3.62	-3.595	2.052	7.165	359	45.72
11091	1	2	-3.23	-3.679	2.318	6.931	365	44.80
11091	1	3	-4.25	-3.682	2.600	7.784	361	45.48
11091	1	4	-3.85	-3.539	1.826	7.128	364	45.73
11091	1	5	-4.55	-3.716	2.083	7.812	363	45.91
11092	1	1	-6.75	-3.739	2.363	10.643	369	43.60
11092	1	2	-6.77	-3.687	1.994	10.714	370	43.44
11092	1	3	-6.89	-3.872	2.884	10.890	368	43.44
11092	1	4	-6.90	-3.851	2.694	10.922	371	43.45
11092	1	5	-6.90	-3.728	2.293	10.862	370	43.54
11093	1	1	-7.98	-3.815	2.317	11.645	364	44.36
11093	1	2	-7.87	-3.758	2.206	11.571	364	44.46
11093	1	3	-7.61	-3.850	2.737	11.433	365	44.37
11093	1	4	-7.64	-3.791	2.514	11.359	366	44.36
11093	1	5	-7.65	-3.795	3.273	11.457	366	44.31
11101	1	1	-8.25	-4.205	2.050	15.042	646	45.56
11101	1	2	-8.23	-4.220	2.555	14.856	645	45.60
11101	1	3	-8.05	-4.173	2.653	14.855	647	45.50
11101	1	4	-8.03	-4.279	1.739	14.737	647	45.50
11101	1	5	-7.99	-4.246	1.863	14.671	647	45.54
11102	1	1	-10.42	-3.841	1.671	11.835	795	47.43
11102	1	2	-10.36	-3.746	2.326	11.863	795	47.44
11102	1	3	-10.20	-3.892	2.219	11.929	799	47.60
11102	1	4	-10.32	-3.747	2.211	11.470	796	47.67
11102	1	5	-10.50	-3.858	2.101	11.327	793	47.72
11103	1	1	-9.49	-3.971	2.308	11.703	799	47.12
11103	1	2	-9.44	-3.880	1.696	11.790	802	47.14

11103	1	3	-9.56	-3.865	1.603	11.840	802	47.21
11103	1	4	-9.81	-3.959	2.525	12.008	802	47.21
21011	2	1	-9.33	-3.600	1.226	9.362	700	47.25
21011	2	2	-8.71	-3.605	1.128	8.758	703	44.62
21011	2	3	-8.56	-3.772	1.894	8.519	706	44.73
21011	2	4	-8.35	-3.680	2.036	8.517	701	44.73
21011	2	5	-8.47	-3.564	1.768	8.196	701	44.81
21012	2	1	-9.09	-3.541	1.031	8.963	667	44.82
21012	2	2	-9.25	-3.600	1.899	8.830	672	45.30
21012	2	3	-8.86	-3.565	1.835	8.735	673	45.14
21012	2	4	-9.18	-3.579	0.989	8.412	672	45.24
21012	2	5	-9.19	-3.605	1.816	8.424	675	45.39
21013	2	1	-9.22	-3.326	2.231	10.814	490	45.35
21013	2	2	-8.92	-3.345	2.130	10.378	495	45.61
21013	2	3	-9.07	-3.393	2.006	10.677	493	45.60
21013	2	4	-8.96	-3.420	2.139	10.424	497	45.86
21013	2	5	-8.82	-3.367	1.149	10.302	497	45.69
21031	2	1	-9.41	-3.816	2.364	10.726	910	45.75
21031	2	2	-9.39	-3.892	1.600	10.277	911	43.09
21031	2	3	-9.53	-3.795	2.154	10.237	903	43.16
21031	2	4	-9.45	-3.981	2.398	10.442	907	43.12
21031	2	5	-9.57	-3.877	2.344	9.818	904	43.16
21032	2	1	-11.70	-3.850	2.572	9.701	889	43.14
21032	2	2	-11.83	-3.994	2.535	9.667	891	42.65
21032	2	3	-11.64	-3.884	2.795	9.633	713	42.70
21032	2	4	-11.44	-3.877	2.261	9.908	892	42.79
21032	2	5	-11.51	-3.975	2.796	9.589	715	42.83

21033	2	1	−10.66	−3.949	2.552	10.469	889	42.91
21033	2	2	−9.77	−4.064	2.735	10.187	714	41.50
21033	2	3	−10.81	−3.901	1.922	10.485	712	41.43
21033	2	4	−10.95	−3.921	2.492	10.437	713	41.27
21033	2	5	−11.07	−3.841	2.501	10.352	714	41.23
21061	2	1	−6.15	−3.793	2.402	10.120	405	41.16
21061	2	2	−6.28	−3.843	2.356	9.994	404	44.47
21061	2	3	−5.90	−3.864	2.172	9.942	405	44.49
21061	2	4	−6.09	−3.984	2.286	10.175	407	44.70
21061	2	5	−6.11	−3.871	2.495	10.071	406	44.76
21062	2	1	−6.54	−3.793	2.971	12.328	613	44.82
21062	2	2	−6.73	−3.839	1.648	12.583	610	45.45
21062	2	3	−6.80	−3.881	1.693	12.635	609	45.39
21062	2	4	−6.68	−3.844	1.206	12.509	612	45.42
21062	2	5	−6.55	−3.875	2.116	12.364	612	45.49
21063	2	1	−6.04	−3.771	2.323	5.685	1,042	45.55
21063	2	2	−6.19	−3.749	2.382	5.678	1,041	45.30
21063	2	3	−6.24	−3.890	2.081	5.405	1,040	45.25
21063	2	4	−6.21	−3.815	1.535	5.377	1,039	45.24
21063	2	5	−5.96	−3.849	2.310	5.688	1,042	45.26
21071	2	1	−5.80	−3.827	1.804	6.978	911	45.28
21071	2	2	−6.05	−3.860	1.714	6.839	917	44.31
21071	2	3	−6.20	−4.007	1.702	6.352	923	44.44
21071	2	4	−5.92	−3.874	1.816	6.576	926	44.51
21071	2	5	−5.65	−3.913	2.003	6.699	921	44.52
21072	2	1	−5.99	−3.750	1.957	8.955	868	44.60
21072	2	2	−6.37	−3.775	1.767	9.184	868	43.54

21072	2	3	-6.24	-3.927	1.921	8.631	874	43.60
21072	2	4	-6.14	-3.694	1.901	8.537	875	43.75
21072	2	5	-6.04	-3.823	1.969	8.759	874	43.68
21073	2	1	-6.49	-3.814	1.685	9.791	865	43.65
21073	2	2	-6.32	-3.800	1.218	9.568	869	43.36
21073	2	3	-6.51	-3.775	1.246	9.753	869	43.41
21073	2	4	-6.61	-3.701	2.045	9.704	867	43.47
21073	2	5	-6.80	-3.768	1.921	9.614	867	43.59
21081	2	1	-2.56	-4.189	2.088	5.395	950	43.70
21081	2	2	-2.47	-4.253	1.580	5.202	948	45.97
21081	2	3	-2.13	-4.119	1.414	5.291	947	46.01
21081	2	4	-1.97	-4.160	1.673	5.182	947	46.06
21081	2	5	-2.02	-4.170	2.163	5.420	707	46.09
21082	2	1	-1.96	-4.003	1.527	4.897	689	46.10
21082	2	2	-2.32	-4.029	1.739	4.318	920	46.17
21082	2	3	-2.07	-4.109	2.052	4.113	921	46.12
21082	2	4	-1.81	-3.964	1.849	3.837	920	46.19
21082	2	5	-1.91	-3.961	1.880	3.987	921	46.36
21111	2	1	-0.82	-3.729	1.422	5.175	822	46.29
21111	2	2	-0.51	-3.820	1.223	4.334	822	48.90

부록 7

실험 데이터(latterHalf_female)를 이용하여 구한 로짓값, 확률값, 분류 결과(변수: 5개 음향변수, 여성)

nasality	irow	h1h2	slope	slpZM	ltas_Slp	matchF0	logit	prob	classification
1	1	-1.86	-3.558	1.184	7.188	766	-1.20071	0.23135	1
1	2	-1.94	-3.544	1.112	6.734	771	-1.39556	0.19852	1
1	3	-1.95	-3.618	1.678	6.833	769	0.1799	0.54485	2
1	4	-1.98	-3.597	0.739	6.301	768	-1.31517	0.21162	1
1	5	-1.84	-3.447	1.557	6.663	769	-1.28368	0.21692	1
1	6	-5.42	-3.497	1.232	5.127	751	-1.33761	0.2079	1
1	7	-5.29	-3.446	1.909	5.649	754	-0.89442	0.2902	1
1	8	-5.33	-3.428	0.137	5.205	752	-3.80794	0.02171	1
1	9	-5.26	-3.508	1.694	5.183	751	-0.43092	0.39391	1
1	10	-5.36	-3.406	1.355	5.662	751	-2.1027	0.10883	1
1	11	-4.74	-3.414	1.705	5.488	768	-1.66994	0.15843	1
1	12	-4.86	-3.485	1.695	5.755	766	-1.22527	0.22701	1
1	13	-5.05	-3.424	1.505	6.011	767	-2.2634	0.0942	1
1	14	-5.29	-3.456	1.913	6.155	765	-1.39698	0.1983	1
1	15	-5.41	-3.497	1.663	5.945	764	-1.40137	0.1976	1
1	16	-12.19	-3.971	2.579	5.028	972	-4.30993	0.01326	1
1	17	-12.26	-3.943	2.006	4.976	970	-5.45313	0.00426	1
1	18	-12.35	-3.885	1.83	4.857	971	-6.22471	0.00198	1
1	19	-12.42	-3.932	1.961	4.832	974	-5.7262	0.00325	1

1	20	-12.45	-3.881	2.143	5.033	973	-5.90325	0.00272	1
1	21	-11.8	-3.767	2.507	7.138	787	-1.24719	0.22319	1
1	22	-12.07	-3.793	2.286	7.072	783	-1.35141	0.20564	1
1	23	-11.99	-3.875	2.728	7.104	783	0.07754	0.51937	2
1	24	-11.92	-3.863	2.607	7.117	782	-0.17805	0.4556	1
1	25	-11.56	-3.844	2.216	7.115	787	-1.03284	0.26253	1
1	26	-10.98	-3.808	2.121	6.678	794	-1.29089	0.2157	1
1	27	-10.68	-3.792	2.354	6.764	793	-0.93024	0.28288	1
1	28	-10.87	-3.751	2.414	6.783	793	-1.23143	0.22593	1
1	29	-11.22	-3.776	1.638	6.823	789	-2.3737	0.0852	1
1	30	-11.29	-3.744	1.655	6.898	786	-2.56993	0.0711	1
1	31	-5.56	-3.8	1.858	6.023	786	0.6018	0.64607	2
1	32	-5.51	-3.895	1.254	5.87	789	0.3315	0.58212	2
1	33	-5.41	-3.791	1.829	6.095	788	0.43306	0.6066	2
1	34	-5.6	-3.849	1.736	5.797	788	0.82309	0.69489	2
1	35	-5.73	-3.894	1.536	5.981	784	0.83232	0.69685	2
1	36	-7.77	-3.895	2.055	6.075	770	1.42562	0.80622	2
1	37	-7.79	-3.886	2.239	6.284	775	1.40371	0.80277	2
1	38	-7.78	-3.885	1.404	6.571	774	-0.14151	0.46468	1
1	39	-7.68	-3.741	2.093	6.504	773	-0.02316	0.49421	1
1	40	-7.52	-3.804	2.277	6.191	772	1.03866	0.73859	2
1	41	-6.55	-3.641	1.49	6.076	757	-0.77186	0.31608	1
1	42	-6.36	-3.707	1.836	6.453	761	0.10733	0.52681	2
1	43	-6.24	-3.685	2.111	6.326	765	0.38038	0.59396	2
1	44	-6.1	-3.665	2.092	6.386	766	0.17369	0.54331	2
1	45	-5.91	-3.769	1.482	6.297	772	-0.11142	0.47217	1
1	46	-3.62	-3.595	2.052	7.165	359	12.61585	1	2

1	47	−3.23	−3.679	2.318	6.931	365	13.80938	1	2
1	48	−4.25	−3.682	2.6	7.784	361	13.67515	1	2
1	49	−3.85	−3.539	1.826	7.128	364	11.56292	0.99999	2
1	50	−4.55	−3.716	2.083	7.812	363	12.88589	1	2
1	51	−6.75	−3.739	2.363	10.643	369	11.22612	0.99999	2
1	52	−6.77	−3.687	1.994	10.714	370	10.1025	0.99996	2
1	53	−6.89	−3.872	2.884	10.89	368	13.05179	1	2
1	54	−6.9	−3.851	2.694	10.922	371	12.44505	1	2
1	55	−6.9	−3.728	2.293	10.862	370	10.82802	0.99998	2
1	56	−7.98	−3.815	2.317	11.645	364	11.00447	0.99998	2
1	57	−7.87	−3.758	2.206	11.571	364	10.42895	0.99997	2
1	58	−7.61	−3.85	2.737	11.433	365	12.20456	0.99999	2
1	59	−7.64	−3.791	2.514	11.359	366	11.34261	0.99999	2
1	60	−7.65	−3.795	3.273	11.457	366	12.62339	1	2
1	61	−8.25	−4.205	2.05	15.042	646	3.18331	0.9602	2
1	62	−8.23	−4.22	2.555	14.856	645	4.29847	0.98659	2
1	63	−8.05	−4.173	2.653	14.855	647	4.08732	0.98349	2
1	64	−8.03	−4.279	1.739	14.737	647	3.4402	0.96894	2
1	65	−7.99	−4.246	1.863	14.671	647	3.43286	0.96872	2
1	66	−10.42	−3.841	1.671	11.835	795	−4.17436	0.01515	1
1	67	−10.36	−3.746	2.326	11.863	795	−3.81091	0.02165	1
1	68	−10.2	−3.892	2.219	11.929	799	−2.92055	0.05115	1
1	69	−10.32	−3.747	2.211	11.47	796	−3.82394	0.02137	1
1	70	−10.5	−3.858	2.101	11.327	793	−3.01604	0.04671	1
1	71	−9.49	−3.971	2.308	11.703	799	−1.77995	0.14431	1
1	72	−9.44	−3.88	1.696	11.79	802	−3.68007	0.0246	1
1	73	−9.56	−3.865	1.603	11.84	802	−4.02547	0.01754	1

1	74	-9.81	-3.959	2.525	12.008	802	-1.85641	0.13512	1
2	75	-9.33	-3.6	1.226	9.362	700	-2.34644	0.08735	1
2	76	-8.71	-3.605	1.128	8.758	703	-2.05969	0.11308	1
2	77	-8.56	-3.772	1.894	8.519	706	0.67292	0.66216	2
2	78	-8.35	-3.68	2.036	8.517	701	0.40237	0.59926	2
2	79	-8.47	-3.564	1.768	8.196	701	-0.87372	0.29448	1
2	80	-9.09	-3.541	1.031	8.963	667	-1.85499	0.13529	1
2	81	-9.25	-3.6	1.899	8.83	672	-0.03672	0.49082	1
2	82	-8.86	-3.565	1.835	8.735	673	-0.28029	0.43038	1
2	83	-9.18	-3.579	0.989	8.412	672	-1.5353	0.17722	1
2	84	-9.19	-3.605	1.816	8.424	675	-0.01154	0.49712	1
2	85	-9.22	-3.326	2.231	10.814	490	3.00124	0.95263	2
2	86	-8.92	-3.345	2.13	10.378	495	3.14246	0.95861	2
2	87	-9.07	-3.393	2.006	10.677	493	3.18069	0.9601	2
2	88	-8.96	-3.42	2.139	10.424	497	3.66374	0.975	2
2	89	-8.82	-3.367	1.149	10.302	497	1.64849	0.83869	2
2	90	-9.41	-3.816	2.364	10.726	910	-5.86559	0.00283	1
2	91	-9.39	-3.892	1.6	10.277	911	-6.36553	0.00172	1
2	92	-9.53	-3.795	2.154	10.237	903	-5.97754	0.00253	1
2	93	-9.45	-3.981	2.398	10.442	907	-4.25927	0.01394	1
2	94	-9.57	-3.877	2.344	9.818	904	-4.83006	0.00792	1
2	95	-11.7	-3.85	2.572	9.701	889	-4.85646	0.00772	1
2	96	-11.83	-3.994	2.535	9.667	891	-3.8494	0.02085	1
2	97	-11.64	-3.884	2.795	9.633	713	1.30917	0.78738	2
2	98	-11.44	-3.877	2.261	9.908	892	-5.27844	0.00507	1
2	99	-11.51	-3.975	2.796	9.589	715	2.04752	0.8857	2
2	100	-10.66	-3.949	2.552	10.469	889	-4.11867	0.01601	1

2	101	-9.77	-4.064	2.735	10.187	714	2.98648	0.95196	2
2	102	-10.81	-3.901	1.922	10.485	712	-0.15617	0.46104	1
2	103	-10.95	-3.921	2.492	10.437	713	0.92648	0.71636	2
2	104	-11.07	-3.841	2.501	10.352	714	0.26771	0.56653	2
2	105	-6.15	-3.793	2.402	10.12	405	11.07256	0.99998	2
2	106	-6.28	-3.843	2.356	9.994	404	11.44538	0.99999	2
2	107	-5.9	-3.864	2.172	9.942	405	11.42273	0.99999	2
2	108	-6.09	-3.984	2.286	10.175	407	12.34344	1	2
2	109	-6.11	-3.871	2.495	10.071	406	11.86675	0.99999	2
2	110	-6.54	-3.793	2.971	12.328	613	4.38071	0.98764	2
2	111	-6.73	-3.839	1.648	12.583	610	2.38802	0.91591	2
2	112	-6.8	-3.881	1.693	12.635	609	2.78506	0.94186	2
2	113	-6.68	-3.844	1.206	12.509	612	1.66251	0.84057	2
2	114	-6.55	-3.875	2.116	12.364	612	3.58642	0.97305	2
2	115	-6.04	-3.771	2.323	5.685	1042	-6.76765	0.00115	1
2	116	-6.19	-3.749	2.382	5.678	1041	-6.86017	0.00105	1
2	117	-6.24	-3.89	2.081	5.405	1040	-6.09181	0.00226	1
2	118	-6.21	-3.815	1.535	5.377	1039	-7.57621	0.00051	1
2	119	-5.96	-3.849	2.31	5.688	1042	-6.13606	0.00216	1
2	120	-5.8	-3.827	1.804	6.978	911	-3.69947	0.02414	1
2	121	-6.05	-3.86	1.714	6.839	917	-3.79022	0.02209	1
2	122	-6.2	-4.007	1.702	6.352	923	-2.62408	0.0676	1
2	123	-5.92	-3.874	1.816	6.576	926	-3.60827	0.02638	1
2	124	-5.65	-3.913	2.003	6.699	921	-2.78782	0.05799	1
2	125	-5.99	-3.75	1.957	8.955	868	-3.76163	0.02272	1
2	126	-6.37	-3.775	1.767	9.184	868	-4.12724	0.01587	1
2	127	-6.24	-3.927	1.921	8.631	874	-2.50908	0.07522	1

2	128	-6.14	-3.694	1.901	8.537	875	-4.37078	0.01248	1
2	129	-6.04	-3.823	1.969	8.759	874	-3.25965	0.03698	1
2	130	-6.49	-3.814	1.685	9.791	865	-4.19992	0.01478	1
2	131	-6.32	-3.8	1.218	9.568	869	-5.0693	0.00625	1
2	132	-6.51	-3.775	1.246	9.753	869	-5.37812	0.0046	1
2	133	-6.61	-3.701	2.045	9.704	867	-4.55322	0.01042	1
2	134	-6.8	-3.768	1.921	9.614	867	-4.24614	0.01412	1
2	135	-2.56	-4.189	2.088	5.395	950	0.37077	0.59165	2
2	136	-2.47	-4.253	1.58	5.202	948	0.20349	0.5507	2
2	137	-2.13	-4.119	1.414	5.291	947	-1.05763	0.25776	1
2	138	-1.97	-4.16	1.673	5.182	947	-0.17588	0.45614	1
2	139	-2.02	-4.17	2.163	5.42	707	8.04998	0.99968	2
2	140	-1.96	-4.003	1.527	4.897	689	6.45115	0.99842	2
2	141	-2.32	-4.029	1.739	4.318	920	0.02554	0.50638	2
2	142	-2.07	-4.109	2.052	4.113	921	1.36064	0.79586	2
2	143	-1.81	-3.964	1.849	3.837	920	0.1	0.52498	2
2	144	-1.91	-3.961	1.88	3.987	921	-0.00976	0.49756	1
2	145	-0.82	-3.729	1.422	5.175	822	0.19117	0.54765	2
2	146	-0.51	-3.82	1.223	4.334	822	1.10206	0.75065	2

부록 8

실험 데이터(latterHalf_female)를 이용하여 구한 로짓값, 확률값, 분류 결과(변수: Praat 비성도, 여성)

nasality	irow	nasalance	logit	prob	classification
1	1	48.39	-0.26835	0.43331	1
1	2	48.53	-0.27745	0.43108	1
1	3	48.48	-0.2742	0.43188	1
1	4	48.44	-0.2716	0.43251	1
1	5	48.51	-0.27615	0.4314	1
1	6	49.53	-0.34245	0.41521	1
1	7	49.5	-0.3405	0.41569	1
1	8	49.6	-0.347	0.41411	1
1	9	49.58	-0.3457	0.41443	1
1	10	49.53	-0.34245	0.41521	1
1	11	48.88	-0.3002	0.42551	1
1	12	48.87	-0.29955	0.42567	1
1	13	48.89	-0.30085	0.42535	1
1	14	48.98	-0.3067	0.42392	1
1	15	48.99	-0.30735	0.42376	1
1	16	37.88	0.4148	0.60224	2
1	17	37.81	0.41935	0.60333	2
1	18	37.84	0.4174	0.60286	2
1	19	37.96	0.4096	0.60099	2

1	20	38.02	0.4057	0.60006	2
1	21	38.49	0.37515	0.5927	2
1	22	38.4	0.381	0.59411	2
1	23	38.55	0.37125	0.59176	2
1	24	38.5	0.3745	0.59255	2
1	25	38.24	0.3914	0.59662	2
1	26	37.5	0.4395	0.60814	2
1	27	37.49	0.44015	0.60829	2
1	28	37.53	0.43755	0.60768	2
1	29	37.57	0.43495	0.60706	2
1	30	37.43	0.44405	0.60922	2
1	31	48.11	-0.25015	0.43779	1
1	32	48.03	-0.24495	0.43907	1
1	33	48.04	-0.2456	0.43891	1
1	34	48.16	-0.2534	0.43699	1
1	35	48.13	-0.25145	0.43747	1
1	36	47.82	-0.2313	0.44243	1
1	37	47.59	-0.21635	0.44612	1
1	38	47.61	-0.21765	0.4458	1
1	39	47.61	-0.21765	0.4458	1
1	40	47.69	-0.22285	0.44452	1
1	41	46.99	-0.17735	0.45578	1
1	42	47.08	-0.1832	0.45433	1
1	43	47.12	-0.1858	0.45368	1
1	44	47.27	-0.19555	0.45127	1
1	45	47.29	-0.19685	0.45095	1
1	46	45.72	-0.0948	0.47632	1

1	47	44.8	-0.035	0.49125	1
1	48	45.48	-0.0792	0.48021	1
1	49	45.73	-0.09545	0.47616	1
1	50	45.91	-0.10715	0.47324	1
1	51	43.6	0.043	0.51075	2
1	52	43.44	0.0534	0.51335	2
1	53	43.44	0.0534	0.51335	2
1	54	43.45	0.05275	0.51318	2
1	55	43.54	0.0469	0.51172	2
1	56	44.36	-0.0064	0.4984	1
1	57	44.46	-0.0129	0.49678	1
1	58	44.37	-0.00705	0.49824	1
1	59	44.36	-0.0064	0.4984	1
1	60	44.31	-0.00315	0.49921	1
1	61	45.56	-0.0844	0.47891	1
1	62	45.6	-0.087	0.47826	1
1	63	45.5	-0.0805	0.47989	1
1	64	45.5	-0.0805	0.47989	1
1	65	45.54	-0.0831	0.47924	1
1	66	47.43	-0.20595	0.44869	1
1	67	47.44	-0.2066	0.44853	1
1	68	47.6	-0.217	0.44596	1
1	69	47.67	-0.22155	0.44484	1
1	70	47.72	-0.2248	0.44404	1
1	71	47.12	-0.1858	0.45368	1
1	72	47.14	-0.1871	0.45336	1
1	73	47.21	-0.19165	0.45223	1

1	74	47.21	-0.19165	0.45223	1
2	75	47.25	-0.19425	0.45159	1
2	76	44.62	-0.0233	0.49418	1
2	77	44.73	-0.03045	0.49239	1
2	78	44.73	-0.03045	0.49239	1
2	79	44.81	-0.03565	0.49109	1
2	80	44.82	-0.0363	0.49093	1
2	81	45.3	-0.0675	0.48313	1
2	82	45.14	-0.0571	0.48573	1
2	83	45.24	-0.0636	0.48411	1
2	84	45.39	-0.07335	0.48167	1
2	85	45.35	-0.07075	0.48232	1
2	86	45.61	-0.08765	0.4781	1
2	87	45.6	-0.087	0.47826	1
2	88	45.86	-0.1039	0.47405	1
2	89	45.69	-0.09285	0.4768	1
2	90	45.75	-0.09675	0.47583	1
2	91	43.09	0.07615	0.51903	2
2	92	43.16	0.0716	0.51789	2
2	93	43.12	0.0742	0.51854	2
2	94	43.16	0.0716	0.51789	2
2	95	43.14	0.0729	0.51822	2
2	96	42.65	0.10475	0.52616	2
2	97	42.7	0.1015	0.52535	2
2	98	42.79	0.09565	0.52389	2
2	99	42.83	0.09305	0.52325	2
2	100	42.91	0.08785	0.52195	2

2	101	41.5	0.1795	0.54475	2
2	102	41.43	0.18405	0.54588	2
2	103	41.27	0.19445	0.54846	2
2	104	41.23	0.19705	0.5491	2
2	105	41.16	0.2016	0.55023	2
2	106	44.47	-0.01355	0.49661	1
2	107	44.49	-0.01485	0.49629	1
2	108	44.7	-0.0285	0.49288	1
2	109	44.76	-0.0324	0.4919	1
2	110	44.82	-0.0363	0.49093	1
2	111	45.45	-0.07725	0.4807	1
2	112	45.39	-0.07335	0.48167	1
2	113	45.42	-0.0753	0.48118	1
2	114	45.49	-0.07985	0.48005	1
2	115	45.55	-0.08375	0.47907	1
2	116	45.3	-0.0675	0.48313	1
2	117	45.25	-0.06425	0.48394	1
2	118	45.24	-0.0636	0.48411	1
2	119	45.26	-0.0649	0.48378	1
2	120	45.28	-0.0662	0.48346	1
2	121	44.31	-0.00315	0.49921	1
2	122	44.44	-0.0116	0.4971	1
2	123	44.51	-0.01615	0.49596	1
2	124	44.52	-0.0168	0.4958	1
2	125	44.6	-0.022	0.4945	1
2	126	43.54	0.0469	0.51172	2
2	127	43.6	0.043	0.51075	2

2	128	43.75	0.03325	0.50831	2
2	129	43.68	0.0378	0.50945	2
2	130	43.65	0.03975	0.50994	2
2	131	43.36	0.0586	0.51465	2
2	132	43.41	0.05535	0.51383	2
2	133	43.47	0.05145	0.51286	2
2	134	43.59	0.04365	0.51091	2
2	135	43.7	0.0365	0.50912	2
2	136	45.97	-0.11105	0.47227	1
2	137	46.01	-0.11365	0.47162	1
2	138	46.06	-0.1169	0.47081	1
2	139	46.09	-0.11885	0.47032	1
2	140	46.1	-0.1195	0.47016	1
2	141	46.17	-0.12405	0.46903	1
2	142	46.12	-0.1208	0.46984	1
2	143	46.19	-0.12535	0.4687	1
2	144	46.36	-0.1364	0.46595	1
2	145	46.29	-0.13185	0.46709	1
2	146	48.9	-0.3015	0.42519	1

부 록 9

전체 데이터 중에서 nasality=1(정상모음 지각)로 구분된 자료 (formerHalfEx_3_4.sav)(첫 번째 열 파일번호의 반복은 프레임 단위 구분에 기인한다)

file	nasality	gender	slope	slopeZToMax	ltasSlope	matchF$_0$	centroid	nasalance
11021	1	1	-3.558	1.184	7.188	766	697.194	48.39
11021	1	1	-3.544	1.112	6.734	771	685.269	48.53
11021	1	1	-3.618	1.678	6.833	769	686.151	48.48
11021	1	1	-3.597	0.739	6.301	768	669.865	48.44
11021	1	1	-3.447	1.557	6.663	769	676.556	48.51
11022	1	1	-3.497	1.232	5.127	751	608.889	49.53
11022	1	1	-3.446	1.909	5.649	754	620.632	49.5
11022	1	1	-3.428	0.137	5.205	752	613.312	49.6
11022	1	1	-3.508	1.694	5.183	751	610.028	49.58
11022	1	1	-3.406	1.355	5.662	751	613.545	49.53
11023	1	1	-3.414	1.705	5.488	768	633.899	48.88
11023	1	1	-3.485	1.695	5.755	766	630.094	48.87
11023	1	1	-3.424	1.505	6.011	767	641.805	48.89
11023	1	1	-3.456	1.913	6.155	765	644.762	48.98
11023	1	1	-3.497	1.663	5.945	764	635.197	48.99
11041	1	1	-3.971	2.579	5.028	972	775.255	37.88
11041	1	1	-3.943	2.006	4.976	970	774.712	37.81
11041	1	1	-3.885	1.83	4.857	971	774.28	37.84

11041	1	1	-3.932	1.961	4.832	974	771.792	37.96
11041	1	1	-3.881	2.143	5.033	973	774.962	38.02
11042	1	1	-3.767	2.507	7.138	787	779.91	38.49
11042	1	1	-3.793	2.286	7.072	783	795.987	38.4
11042	1	1	-3.875	2.728	7.104	783	788.592	38.55
11042	1	1	-3.863	2.607	7.117	782	782.625	38.5
11042	1	1	-3.844	2.216	7.115	787	770.466	38.24
11043	1	1	-3.808	2.121	6.678	794	764.939	37.5
11043	1	1	-3.792	2.354	6.764	793	767.971	37.49
11043	1	1	-3.751	2.414	6.783	793	763.904	37.53
11043	1	1	-3.776	1.638	6.823	789	761.485	37.57
11043	1	1	-3.744	1.655	6.898	786	761.672	37.43
11051	1	1	-3.8	1.858	6.023	786	709.623	48.11
11051	1	1	-3.895	1.254	5.87	789	711.834	48.03
11051	1	1	-3.791	1.829	6.095	788	713.694	48.04
11051	1	1	-3.849	1.736	5.797	788	701.302	48.16
11051	1	1	-3.894	1.536	5.981	784	716.616	48.13
11052	1	1	-3.895	2.055	6.075	770	683.119	47.82
11052	1	1	-3.886	2.239	6.284	775	702.578	47.59
11052	1	1	-3.885	1.404	6.571	774	710.106	47.61
11052	1	1	-3.741	2.093	6.504	773	701.259	47.61
11052	1	1	-3.804	2.277	6.191	772	685.837	47.69
11053	1	1	-3.641	1.49	6.076	757	732.833	46.99
11053	1	1	-3.707	1.836	6.453	761	730.86	47.08
11053	1	1	-3.685	2.111	6.326	765	729.771	47.12
11053	1	1	-3.665	2.092	6.386	766	733.673	47.27
11053	1	1	-3.769	1.482	6.297	772	735.927	47.29

11091	1	1	-3.595	2.052	7.165	359	603.448	45.72
11091	1	1	-3.679	2.318	6.931	365	538.239	44.8
11091	1	1	-3.682	2.6	7.784	361	603.937	45.48
11091	1	1	-3.539	1.826	7.128	364	544.466	45.73
11091	1	1	-3.716	2.083	7.812	363	555.416	45.91
11092	1	1	-3.739	2.363	10.643	369	625.429	43.6
11092	1	1	-3.687	1.994	10.714	370	629.477	43.44
11092	1	1	-3.872	2.884	10.89	368	608.397	43.44
11092	1	1	-3.851	2.694	10.922	371	609.949	43.45
11092	1	1	-3.728	2.293	10.862	370	621.143	43.54
11093	1	1	-3.815	2.317	11.645	364	664.713	44.36
11093	1	1	-3.758	2.206	11.571	364	659.859	44.46
11093	1	1	-3.85	2.737	11.433	365	666.233	44.37
11093	1	1	-3.791	2.514	11.359	366	659.6	44.36
11093	1	1	-3.795	3.273	11.457	366	659.836	44.31
11101	1	1	-4.205	2.05	15.042	646	784.819	45.56
11101	1	1	-4.22	2.555	14.856	645	779.212	45.6
11101	1	1	-4.173	2.653	14.855	647	778.285	45.5
11101	1	1	-4.279	1.739	14.737	647	782.827	45.5
11101	1	1	-4.246	1.863	14.671	647	782.223	45.54
11102	1	1	-3.841	1.671	11.835	795	801.852	47.43
11102	1	1	-3.746	2.326	11.863	795	799.755	47.44
11102	1	1	-3.892	2.219	11.929	799	802.266	47.6
11102	1	1	-3.747	2.211	11.47	796	796.651	47.67
11102	1	1	-3.858	2.101	11.327	793	791.325	47.72
11103	1	1	-3.971	2.308	11.703	799	793.335	47.12
11103	1	1	-3.88	1.696	11.79	802	796.181	47.14

11103	1	1	-3.865	1.603	11.84	802	797.794	47.21
11103	1	1	-3.959	2.525	12.008	802	797.142	47.21
11103	1	1	-3.847	1.947	11.789	804	797.308	47.25
11121	1	1	-3.539	2.244	10.264	712	742.209	39.53
11121	1	1	-3.513	2.087	10.357	711	741.49	39.89
11121	1	1	-3.564	2.283	10.233	709	740	40.11
11121	1	1	-3.493	2.088	10.138	705	740.334	40.03
11121	1	1	-3.481	2.011	9.584	874	734.962	39.83
11122	1	1	-3.667	1.258	7.921	864	713.529	40.22
11122	1	1	-3.718	1.735	7.804	866	698.951	40.66
11122	1	1	-3.704	1.802	8.802	696	710.341	40.89
11122	1	1	-3.554	1.894	8.289	867	716.296	41.54
11122	1	1	-3.579	1.697	15.085	516	713.75	41.83
11123	1	1	-3.544	1.649	7.332	852	740.797	41.2
11123	1	1	-3.78	1.953	7.883	688	729.698	41.3
11123	1	1	-3.639	1.896	7.606	691	722.535	41.44
11123	1	1	-3.651	1.981	7.647	698	717.484	41.79
11123	1	1	-3.627	1.647	7.343	702	710.527	41.9
11141	1	1	-3.981	1.472	5.673	1054	845.716	41.61
11141	1	1	-3.896	1.53	5.438	1056	841.28	41.58
11141	1	1	-3.854	1.091	5.252	1057	838.051	41.57
11141	1	1	-3.925	1.076	5.248	1063	833.697	41.59
11141	1	1	-3.85	1.165	5.089	1064	836.418	41.48
11142	1	1	-3.977	1.99	6.033	849	787.262	42.11
11142	1	1	-3.9	1.94	6.252	855	783.04	42.14
11142	1	1	-3.919	1.37	5.862	856	774.273	42.04
11142	1	1	-3.889	1.559	5.835	856	771.926	42.05

11142	1	1	-3.94	1.556	5.751	861	759.97	42.03
11143	1	1	-4.015	2.03	6.167	1079	812.741	42.29
11143	1	1	-4.112	1.14	5.865	1081	814.399	42.22
11143	1	1	-4.049	1.576	6.26	1079	817.91	42.33
11143	1	1	-4.015	2.097	5.831	1080	809.088	42.34
11143	1	1	-4.058	2.04	5.8	1081	808.692	42.25
11151	1	1	-4.058	2.003	7.236	830	772.02	44.5
11151	1	1	-4.084	2.156	7.708	827	779.39	44.48
11151	1	1	-4.007	2.18	7.803	822	775.554	44.47
11151	1	1	-4.015	2.064	7.598	824	770.854	44.53
11151	1	1	-4.002	2.004	7.611	822	776.285	44.5
11152	1	1	-3.827	1.922	8.039	824	799.039	45.75
11152	1	1	-3.818	1.988	8.125	824	798.026	45.84
11152	1	1	-3.845	2.236	8.197	822	795.454	45.87
11152	1	1	-3.825	1.838	7.045	831	794.474	45.99
11152	1	1	-3.876	0.671	7.806	827	798.176	45.99
11153	1	1	-3.704	1.48	8.111	840	777.686	45.84
11153	1	1	-3.722	1.801	7.964	838	780.143	45.91
11153	1	1	-3.62	1.839	8.111	838	778.386	45.92
11153	1	1	-3.656	1.579	7.922	838	777.027	45.97
11153	1	1	-3.625	1.962	7.888	841	773.807	46.01
11161	1	1	-3.914	1.287	14.295	692	743.979	44.91
11161	1	1	-4.011	2.817	14.471	694	749.772	44.68
11161	1	1	-4.065	1.364	14.744	694	755.772	44.39
11161	1	1	-4.051	1.94	14.822	695	762.026	44.07
11161	1	1	-3.992	1.76	14.758	693	758.856	44.02
11162	1	1	-3.611	1.826	7.905	855	708.576	39.77

11162	1	1	-3.603	1.875	7.729	859	708.764	39.96
11162	1	1	-3.686	1.965	7.893	865	703.804	40.37
11162	1	1	-3.735	1.789	7.77	870	708.473	40.77
11162	1	1	-3.57	1.727	7.808	868	709.264	41.26
11163	1	1	-3.622	1.793	7.101	854	735.036	41.19
11163	1	1	-3.562	1.653	7.339	853	740.96	41.23
11163	1	1	-3.762	1.974	7.882	687	728.752	41.3
11163	1	1	-3.663	1.241	7.581	692	723.826	41.46
11163	1	1	-3.652	1.985	7.644	698	716.935	41.79
11201	1	1	-4.049	1.566	2.853	979	726.913	36.91
11201	1	1	-4.146	1.576	2.847	980	731.089	37.05
11201	1	1	-4.282	1.623	3.202	981	741.975	37.14
11201	1	1	-4.152	2.088	3.032	976	722.988	36.7
11201	1	1	-4.153	1.542	2.934	973	729.801	36.91
11202	1	1	-3.997	1.824	4.217	988	780.868	40.12
11202	1	1	-3.95	1.777	4.09	994	776.939	40.01
11202	1	1	-3.977	1.707	4.324	990	784.201	40.28
11202	1	1	-4.085	1.526	4.38	991	780.275	40.42
11202	1	1	-4.008	1.81	3.651	1000	765.747	40.22
11203	1	1	-3.824	1.549	6.799	967	833.453	39.83
11203	1	1	-3.849	1.301	6.644	966	839.35	39.9
11203	1	1	-4.009	1.49	6.582	967	833.459	39.97
11203	1	1	-3.893	1.818	6.319	964	829.346	39.82
11203	1	1	-3.916	1.731	6.673	961	831.221	39.6
12041	1	2	-3.226	1.856	10.613	660	647.858	43.47
12041	1	2	-3.199	1.839	10.84	655	645.61	43.52
12041	1	2	-3.22	1.786	10.246	660	640.316	43.4

12041	1	2	-3.246	1.799	10.471	660	644.386	43.37
12041	1	2	-3.208	1.798	10.383	651	638.848	43.57
12042	1	2	-3.225	1.825	12.148	672	648.778	44.7
12042	1	2	-3.166	1.824	12.198	669	650.563	44.66
12042	1	2	-3.18	2.023	12.232	674	651.258	44.62
12042	1	2	-3.223	1.812	12.019	674	650.048	44.66
12042	1	2	-3.265	1.774	11.653	675	639.526	44.82
12043	1	2	-3.168	1.979	12.567	683	659.644	44.84
12043	1	2	-3.193	2.273	12.618	684	658.335	44.86
12043	1	2	-3.237	1.87	12.361	684	660.188	44.85
12043	1	2	-3.266	1.846	12.275	681	659.391	44.82
12043	1	2	-3.259	1.843	12.096	681	655.956	44.67
12061	1	2	-3.324	2.331	14.174	694	668.973	43.62
12061	1	2	-3.318	2.493	14.161	696	663.156	43.53
12061	1	2	-3.343	2.324	14.058	697	664.014	43.46
12061	1	2	-3.32	2.081	14.131	698	662.067	43.4
12061	1	2	-3.352	2.787	14.057	699	660.979	43.35
12062	1	2	-3.372	2.028	13.942	689	628.943	42.84
12062	1	2	-3.401	2.626	13.176	555	622.326	42.86
12062	1	2	-3.417	2.226	13.547	695	622.485	42.97
12062	1	2	-3.443	2.537	13.136	559	621.277	42.96
12062	1	2	-3.432	3.035	13.773	565	617.335	42.96
12063	1	2	-3.156	2.238	13.469	686	653.149	42.94
12063	1	2	-3.211	2.226	13.228	688	649.985	42.8
12063	1	2	-3.213	2.24	13.506	695	646.66	42.93
12063	1	2	-3.221	2.299	13.427	701	641.107	42.77
12063	1	2	-3.286	1.897	13.243	570	636.17	42.53

12071	1	2	-2.992	1.729	11.402	684	634.225	45.84
12071	1	2	-3.131	2.122	12.574	686	637.216	45.91
12071	1	2	-3.096	2.254	11.638	678	629.196	45.67
12071	1	2	-2.997	2.19	12.277	672	632.036	45.59
12071	1	2	-2.989	2.133	11.857	674	634.337	45.53
12072	1	2	-2.922	2.204	11.581	675	614.683	42.18
12072	1	2	-2.986	2.356	12.266	673	616.678	41.97
12072	1	2	-2.931	2.284	12.95	672	616.245	41.98
12072	1	2	-2.892	1.736	13.215	672	631.336	42.09
12072	1	2	-2.747	2.316	12.901	664	631.256	42.27
12073	1	2	-3.016	2.032	10.42	690	628.678	45.93
12073	1	2	-3.12	2.048	11.03	688	635.104	45.88
12073	1	2	-2.926	2.068	10.886	691	632.692	46.11
12073	1	2	-3.231	2.31	10.371	685	637.009	46.11
12073	1	2	-2.859	1.982	9.768	681	636.116	46.08
12081	1	2	-2.64	1.942	12.255	853	762.755	43.57
12081	1	2	-2.633	2.167	12.463	849	765.993	43.44
12081	1	2	-2.623	1.968	12.444	844	764.955	43.42
12081	1	2	-2.679	1.92	12.1	846	759.512	43.41
12081	1	2	-2.683	1.845	11.808	854	760.076	43.28
12082	1	2	-2.494	2.275	15.297	807	765.342	41.72
12082	1	2	-2.44	1.856	15.307	809	765.289	41.69
12082	1	2	-2.557	2.263	15.648	814	761.143	41.85
12082	1	2	-2.538	2.28	15.728	819	760.963	41.85
12082	1	2	-2.621	2.246	15.558	822	763.322	41.94
12083	1	2	-2.551	2.23	14.576	809	745.06	42.64
12083	1	2	-2.673	2.195	14.444	819	746.315	42.68

12083	1	2	-2.698	2.045	14.717	823	742.103	42.48
12083	1	2	-2.677	2.25	14.44	823	736.795	42.31
12083	1	2	-2.846	1.92	11.717	598	720.799	41.97
12091	1	2	-2.308	2.977	17.098	730	702.894	41.68
12091	1	2	-2.286	2.24	17.158	726	701.84	41.84
12091	1	2	-2.298	1.937	17.007	729	700.176	41.65
12091	1	2	-2.3	2.221	16.998	725	697.712	41.61
12091	1	2	-2.282	2.792	16.936	722	700.559	41.61
12092	1	2	-2.457	2.473	15.282	734	679.941	44.85
12092	1	2	-2.465	2.522	15.214	735	677.775	44.85
12092	1	2	-2.477	2.514	14.96	737	675.694	44.86
12092	1	2	-2.541	2.478	14.686	741	674.632	44.89
12092	1	2	-2.558	1.946	14.681	744	672.998	44.94
12093	1	2	-2.479	2.144	18.804	633	682.537	44.18
12093	1	2	-2.547	2.646	16.283	759	685.334	44.1
12093	1	2	-2.51	2.806	18.529	633	681.281	44.1
12093	1	2	-2.468	2.815	18.645	630	683.89	44.07
12093	1	2	-2.39	2.68	16.118	747	689.773	44.07
12101	1	2	-3.101	1.865	8.303	726	703.441	44.26
12101	1	2	-3.004	1.906	8.485	724	700.573	44.43
12101	1	2	-2.916	1.958	8.482	724	695.308	44.33
12101	1	2	-3.1	1.924	8.563	726	688.654	44.25
12101	1	2	-3.055	1.995	8.919	727	699.217	44.16
12102	1	2	-2.912	2.117	12.646	751	710.341	43.28
12102	1	2	-2.939	2.494	12.797	745	708.814	43.3
12102	1	2	-2.954	2.389	12.652	747	709.611	43.38
12102	1	2	-2.919	2.372	13.087	746	708.122	43.3

12102	1	2	−2.948	1.659	12.923	742	710.939	43.35
12103	1	2	−2.868	2.121	12.481	742	710.162	43.23
12103	1	2	−2.85	2.294	12.061	743	709.992	43.39
12103	1	2	−2.938	2.468	12.592	750	714.407	43.31
12103	1	2	−2.845	2.376	12.828	739	718.19	43.34
12103	1	2	−2.882	2.531	12.558	736	721.495	43.47
12131	1	2	−2.277	2.911	18.357	688	668.528	47.01
12131	1	2	−2.239	2.876	18.383	693	671.986	47.04
12131	1	2	−2.203	2.792	18.219	699	674.505	47.08
12131	1	2	−2.275	2.875	18.306	700	673.598	47.09
12131	1	2	−2.279	2.166	18.409	699	672.085	47.09
12132	1	2	−2.117	2.227	19.126	694	662.122	47.35
12132	1	2	−2.135	2.962	18.882	695	660.989	47.36
12132	1	2	−2.171	3.122	18.873	693	659.313	47.37
12132	1	2	−2.194	2.969	18.469	697	657.675	47.44
12132	1	2	−2.211	2.645	18.408	698	657.055	47.48
12133	1	2	−2.293	2.52	18.418	710	661.295	45.83
12133	1	2	−2.297	2.406	18.639	704	661.492	45.81
12133	1	2	−2.297	3.024	18.606	704	659.699	45.83
12133	1	2	−2.34	2.993	18.385	707	657.904	45.87
12133	1	2	−2.361	2.99	18.147	709	655.238	45.96
12181	1	2	−3.033	1.816	9.548	798	699.087	47.92
12181	1	2	−3.033	1.999	9.84	810	702.905	47.68
12181	1	2	−3.032	2.191	10.12	819	702.622	47.55
12181	1	2	−3.171	1.955	10.461	663	701.863	47.38
12181	1	2	−3.2	2.738	10.938	670	698.975	47.31
12182	1	2	−3.208	2.257	13.94	633	657.259	45.49

12182	1	2	-3.205	2.9	14.038	636	656.973	45.38
12182	1	2	-3.217	2.674	14.419	637	657.891	45.35
12182	1	2	-3.283	2.389	14.71	636	657.96	45.31
12182	1	2	-3.322	2.336	15.044	641	657.647	45.13
12183	1	2	-3.242	2.391	13.81	630	655.048	45.93
12183	1	2	-3.361	2.356	13.664	631	647.572	45.93
12183	1	2	-3.367	2.392	13.975	633	651.495	45.86
12183	1	2	-3.321	2.75	14.268	633	650.818	45.83
12183	1	2	-3.307	3.016	14.093	634	647.444	45.81
12191	1	2	-2.571	2.709	17.954	626	691.418	38.46
12191	1	2	-2.546	2.067	18.535	626	687.849	38.35
12191	1	2	-2.527	2.111	17.713	619	683.581	38.23
12191	1	2	-2.493	2.717	18.113	616	683.986	38.63
12191	1	2	-2.477	2.342	18.266	612	681.409	38.89
12192	1	2	-2.713	2.501	17.489	646	704.537	38.34
12192	1	2	-2.843	2.627	17.193	654	704.389	38.49
12192	1	2	-2.883	2.464	16.723	659	700.641	38.06
12192	1	2	-2.87	2.5	17.031	663	692	38.42
12192	1	2	-2.849	2.578	17.206	660	695.727	37.94
12193	1	2	-2.688	2.698	18.664	635	679.744	37.95
12193	1	2	-2.681	2.695	18.325	637	682.507	38.23
12193	1	2	-2.671	2.694	18.366	639	678.139	38.6
12193	1	2	-2.721	1.655	18.382	644	680.155	39.11
12193	1	2	-2.862	2.706	17.608	654	679.361	38.68
12201	1	2	-2.605	2.424	19.518	616	672.397	39.7
12201	1	2	-2.595	2.828	19.93	610	671.911	39.85
12201	1	2	-2.542	2.915	20.694	605	673.975	40.18

12201	1	2	-2.512	2.895	20.99	597	673.908	40.32
12201	1	2	-2.51	2.962	20.789	593	684.894	40.04
12202	1	2	-2.506	2.789	19.819	657	696	46.03
12202	1	2	-2.429	2.791	19.973	646	698.293	46.23
12202	1	2	-2.461	2.737	19.571	645	702.465	46.39
12202	1	2	-2.484	2.741	19.698	637	706.641	46.43
12202	1	2	-2.455	2.576	14.497	751	706.482	46.51
12203	1	2	-2.534	2.041	19.52	647	663.003	46.86
12203	1	2	-2.48	2.02	19.578	645	665.548	46.97
12203	1	2	-2.472	2.57	19.946	650	667.885	47.02
12203	1	2	-2.436	2.765	19.912	651	665.216	46.96
12203	1	2	-2.461	2.77	20.187	651	670.34	47

부 록 10

전체 데이터 중에서 nasality=2(비정상모음 지각)로 구분된 자료 (latterHalfTest_3_4.sav)

file	nasality	gender	slope	slopeZToMax	ltasSlope	matchF0	centroid	nasalance
21011	2	1	-3.6	1.226	9.362	700	758.142	44.62
21011	2	1	-3.605	1.128	8.758	703	757.334	44.73
21011	2	1	-3.772	1.894	8.519	706	761.473	44.73
21011	2	1	-3.68	2.036	8.517	701	744.882	44.81
21011	2	1	-3.564	1.768	8.196	701	743.766	44.82
21012	2	1	-3.541	1.031	8.963	667	638.591	45.3
21012	2	1	-3.6	1.899	8.83	672	628.569	45.14
21012	2	1	-3.565	1.835	8.735	673	629.78	45.24
21012	2	1	-3.579	0.989	8.412	672	631.448	45.39
21012	2	1	-3.605	1.816	8.424	675	635.267	45.35
21013	2	1	-3.326	2.231	10.814	490	668.46	45.61
21013	2	1	-3.345	2.13	10.378	495	667.764	45.6
21013	2	1	-3.393	2.006	10.677	493	662.081	45.86
21013	2	1	-3.42	2.139	10.424	497	676.46	45.69
21013	2	1	-3.367	1.149	10.302	497	669.318	45.75
21031	2	1	-3.816	2.364	10.726	910	786.796	43.09
21031	2	1	-3.892	1.6	10.277	911	789.386	43.16
21031	2	1	-3.795	2.154	10.237	903	780.019	43.12
21031	2	1	-3.981	2.398	10.442	907	786.907	43.16

21031	2	1	-3.877	2.344	9.818	904	786.697	43.14
21032	2	1	-3.85	2.572	9.701	889	747.271	42.65
21032	2	1	-3.994	2.535	9.667	891	747.001	42.7
21032	2	1	-3.884	2.795	9.633	713	745.318	42.79
21032	2	1	-3.877	2.261	9.908	892	748.184	42.83
21032	2	1	-3.975	2.796	9.589	715	744.149	42.91
21033	2	1	-3.949	2.552	10.469	889	749.694	41.5
21033	2	1	-4.064	2.735	10.187	714	743.285	41.43
21033	2	1	-3.901	1.922	10.485	712	748.225	41.27
21033	2	1	-3.921	2.492	10.437	713	745.368	41.23
21033	2	1	-3.841	2.501	10.352	714	744.871	41.16
21061	2	1	-3.793	2.402	10.12	405	699.086	44.47
21061	2	1	-3.843	2.356	9.994	404	690.069	44.49
21061	2	1	-3.864	2.172	9.942	405	693.473	44.7
21061	2	1	-3.984	2.286	10.175	407	684.128	44.76
21061	2	1	-3.871	2.495	10.071	406	671.786	44.82
21062	2	1	-3.793	2.971	12.328	613	698.335	45.45
21062	2	1	-3.839	1.648	12.583	610	704.089	45.39
21062	2	1	-3.881	1.693	12.635	609	702.367	45.42
21062	2	1	-3.844	1.206	12.509	612	699.509	45.49
21062	2	1	-3.875	2.116	12.364	612	692.437	45.55
21063	2	1	-3.771	2.323	5.685	1042	776.169	45.3
21063	2	1	-3.749	2.382	5.678	1041	779.589	45.25
21063	2	1	-3.89	2.081	5.405	1040	772.493	45.24
21063	2	1	-3.815	1.535	5.377	1039	762.729	45.26
21063	2	1	-3.849	2.31	5.688	1042	774.382	45.28
21071	2	1	-3.827	1.804	6.978	911	765.555	44.31

21071	2	1	-3.86	1.714	6.839	917	763.19	44.44
21071	2	1	-4.007	1.702	6.352	923	758.69	44.51
21071	2	1	-3.874	1.816	6.576	926	760.067	44.52
21071	2	1	-3.913	2.003	6.699	921	766.477	44.6
21072	2	1	-3.75	1.957	8.955	868	757.475	43.54
21072	2	1	-3.775	1.767	9.184	868	759.755	43.6
21072	2	1	-3.927	1.921	8.631	874	759.187	43.75
21072	2	1	-3.694	1.901	8.537	875	757.234	43.68
21072	2	1	-3.823	1.969	8.759	874	760.439	43.65
21073	2	1	-3.814	1.685	9.791	865	750.179	43.36
21073	2	1	-3.8	1.218	9.568	869	754.571	43.41
21073	2	1	-3.775	1.246	9.753	869	755.711	43.47
21073	2	1	-3.701	2.045	9.704	867	758.403	43.59
21073	2	1	-3.768	1.921	9.614	867	757.728	43.7
21081	2	1	-4.189	2.088	5.395	950	756.043	45.97
21081	2	1	-4.253	1.58	5.202	948	751.258	46.01
21081	2	1	-4.119	1.414	5.291	947	746.25	46.06
21081	2	1	-4.16	1.673	5.182	947	749.619	46.09
21081	2	1	-4.17	2.163	5.42	707	740.328	46.1
21082	2	1	-4.003	1.527	4.897	689	685.339	46.17
21082	2	1	-4.029	1.739	4.318	920	690.883	46.12
21082	2	1	-4.109	2.052	4.113	921	689.659	46.19
21082	2	1	-3.964	1.849	3.837	920	677.673	46.36
21082	2	1	-3.961	1.88	3.987	921	677.255	46.29
21111	2	1	-3.729	1.422	5.175	822	723.105	48.9
21111	2	1	-3.82	1.223	4.334	822	712.499	49.03
21111	2	1	-3.767	1.024	3.878	820	699.54	49.14

21111	2	1	-3.715	1.573	3.23	822	672.365	49.43
21111	2	1	-3.757	1.293	3.352	824	674.118	49.52
21112	2	1	-3.799	1.926	6.058	787	689.381	48.88
21112	2	1	-3.708	2.404	5.789	782	677.933	48.95
21112	2	1	-3.803	2.028	5.078	781	662.287	49.14
21112	2	1	-3.752	2.178	4.904	782	656.603	49.25
21112	2	1	-3.732	1.756	4.745	784	654.053	49.35
21113	2	1	-3.759	2.236	5.962	765	719.231	47.84
21113	2	1	-3.818	1.993	6.061	766	717.882	47.92
21113	2	1	-3.868	1.565	6.067	771	717.313	48.01
21113	2	1	-3.775	1.949	6.207	774	714.318	48.15
21113	2	1	-3.802	1.966	5.638	773	704.524	48.29
21131	2	1	-4.063	1.92	14.437	712	790.247	45.15
21131	2	1	-4.05	2.165	14.459	713	787.452	45.24
21131	2	1	-4.15	1.534	14.177	712	782.434	45.29
21131	2	1	-4.135	1.781	14.056	711	781.23	45.32
21131	2	1	-4.124	1.834	14.191	712	782.357	45.34
21132	2	1	-3.937	2.898	14.631	686	838.794	44.29
21132	2	1	-3.99	2.034	14.833	687	838.898	44.35
21132	2	1	-4.041	1.743	14.84	692	836.182	44.42
21132	2	1	-3.962	1.95	14.866	695	834.726	44.44
21132	2	1	-4.112	2.167	15.079	698	831.089	44.5
21133	2	1	-3.867	2.098	13.352	676	826.092	44.49
21133	2	1	-3.842	1.681	13.66	673	828.132	44.49
21133	2	1	-3.972	2.319	13.737	676	826.854	44.48
21133	2	1	-3.996	2.145	13.455	679	820.954	44.49
21133	2	1	-3.957	2.711	13.426	682	824.1	44.48

21171	2	1	-3.935	2.21	9.49	803	761.952	45.83
21171	2	1	-3.937	2.567	9.507	800	760.842	45.9
21171	2	1	-3.994	2.485	9.484	799	759.541	45.96
21171	2	1	-3.969	2.326	9.578	795	759.451	46.01
21171	2	1	-3.904	1.67	9.498	793	757.837	46.08
21172	2	1	-3.968	1.573	9.282	788	768.015	45.51
21172	2	1	-3.936	2.004	9.295	787	766.032	45.55
21172	2	1	-3.979	2.189	9.209	794	765.64	45.57
21172	2	1	-3.904	2.225	9.637	796	768.777	45.65
21172	2	1	-3.953	2.231	9.675	798	771.508	45.69
21173	2	1	-4.047	2.432	8.084	780	727.094	44.85
21173	2	1	-4.004	2.288	8.089	785	724.593	44.97
21173	2	1	-4.028	1.661	8.357	784	738.029	45.06
21173	2	1	-3.851	2.345	8.84	780	745.962	45.17
21173	2	1	-3.988	2.339	9	781	745.91	45.19
21181	2	1	-3.592	2.611	7.224	380	665.224	45.45
21181	2	1	-3.644	1.162	2.727	766	668.984	45.35
21181	2	1	-3.704	1.579	2.789	765	657.935	45.37
21181	2	1	-3.589	1.271	2.208	772	667.356	45.67
21181	2	1	-3.48	2.565	6.371	389	620.57	45.98
21182	2	1	-3.663	0.616	4.271	779	677.501	45.31
21182	2	1	-3.804	1.731	4.577	793	683.189	45.54
21182	2	1	-3.743	1.734	4.911	804	687.478	45.58
21182	2	1	-3.588	1.344	5.282	815	701.012	45.52
21182	2	1	-3.795	1.756	5.4	831	703.292	45.6
21183	2	1	-3.884	1.845	3.546	797	641.158	46.4
21183	2	1	-3.851	1.839	3.247	808	617.806	46.51

21183	2	1	-3.828	1.973	3.243	823	630.984	46.54
21183	2	1	-3.781	1.483	2.971	839	628.5	46.68
21183	2	1	-3.891	1.372	3.346	853	626.029	46.5
21191	2	1	-3.947	2.646	8.992	443	675.341	46.12
21191	2	1	-3.82	0.756	10.663	681	685.221	46.05
21191	2	1	-4.036	1.771	10.904	690	695.507	46.23
21191	2	1	-3.933	2.124	10.346	689	689.228	46.25
21191	2	1	-3.934	2.41	8.413	458	682.599	46.32
21192	2	1	-3.935	3.182	9.779	430	719.418	44.46
21192	2	1	-3.998	3.044	10.02	434	704.664	44.44
21192	2	1	-4.007	1.829	10.227	435	682.654	44.58
21192	2	1	-3.967	2.158	10.034	438	682.497	44.61
21192	2	1	-4.084	4.011	9.626	441	680.652	44.61
21193	2	1	-3.842	2.784	9.592	415	676.31	44.89
21193	2	1	-3.813	2.564	9.506	413	687.5	44.82
21193	2	1	-3.983	2.278	9.584	412	675.389	44.76
21193	2	1	-3.855	2.628	9.997	413	666.143	44.89
21193	2	1	-3.913	2.327	9.925	413	683.186	44.84
22011	2	2	-1.559	2.701	17.239	634	639.639	46.74
22011	2	2	-1.482	2.69	17.061	627	640.453	46.64
22011	2	2	-1.478	2.571	17.441	624	636.08	46.88
22011	2	2	-1.53	2.629	16.425	633	635.692	46.82
22011	2	2	-1.799	2.175	15.385	554	628.689	46.94
22012	2	2	-1.748	2.126	18.401	582	631.955	47.46
22012	2	2	-1.814	2.978	18.503	578	628.47	47.41
22012	2	2	-1.798	2.964	18.604	582	624.652	47.59
22012	2	2	-1.919	3.255	18.29	585	626.451	47.42

22012	2	2	-1.748	2.993	18.727	577	625.232	47.57
22013	2	2	-1.66	2.794	18.768	668	642.788	47.57
22013	2	2	-1.551	2.374	18.276	661	639.693	47.5
22013	2	2	-1.564	2.348	17.478	568	637.692	47.51
22013	2	2	-1.463	2.92	17.417	568	636.479	47.48
22013	2	2	-1.603	2.057	17.303	568	637.363	47.58
22021	2	2	-2.561	2.913	16.092	483	630.95	48.35
22021	2	2	-2.616	2.98	16.195	482	632.494	48.36
22021	2	2	-2.575	2.984	16.252	484	630.557	48.35
22021	2	2	-2.604	2.927	16.247	486	628.595	48.36
22021	2	2	-2.598	2.918	16.483	488	628.107	48.32
22022	2	2	-2.659	3.026	16.962	510	649.456	47.78
22022	2	2	-2.668	2.93	16.914	514	641.304	47.88
22022	2	2	-2.687	2.912	16.895	519	635.783	47.92
22022	2	2	-2.671	2.924	16.891	520	638.344	47.9
22022	2	2	-2.716	2.891	17.05	523	636.328	47.93
22023	2	2	-2.693	1.704	16.315	543	682.941	47.22
22023	2	2	-2.755	3.236	16.306	547	684.186	47.25
22023	2	2	-2.747	2.565	16.122	551	688.635	47.22
22023	2	2	-2.712	2.89	16.112	550	686.941	47.18
22023	2	2	-2.749	2.87	16.05	551	687.996	47.14
22031	2	2	-2.131	1.813	14.616	626	617.426	43.12
22031	2	2	-2.268	2.584	14.269	630	611.696	42.96
22031	2	2	-2.187	2.74	15.353	629	625.418	42.99
22031	2	2	-2.21	2.59	15.734	627	629.433	42.99
22031	2	2	-2.418	2.816	15.977	627	620.4	42.84
22032	2	2	-1.883	3.075	20.611	616	653.886	43.86

22032	2	2	-1.957	3.015	20.671	619	658.466	43.86
22032	2	2	-1.994	2.612	20.982	620	655.362	43.86
22032	2	2	-2.05	2.99	20.777	624	656.475	43.65
22032	2	2	-1.948	2.122	20.433	632	655.667	43.47
22033	2	2	-1.695	2.335	16.564	599	646.503	44.33
22033	2	2	-1.705	2.873	16.042	596	646.272	44.37
22033	2	2	-1.636	2.587	15.989	594	640.899	44.33
22033	2	2	-1.226	2.34	16.293	596	642.838	44.35
22033	2	2	-1.687	2.667	16.3	599	643.068	44.36
22051	2	2	-1.684	2.799	13.999	581	671.788	45.89
22051	2	2	-1.636	2.572	13.961	572	671.072	45.71
22051	2	2	-0.804	2.395	13.441	565	676.342	45.72
22051	2	2	-1.483	2.686	13.315	565	671.092	45.78
22051	2	2	-1.672	2.681	13.642	572	672.23	45.62
22052	2	2	-1.539	2.679	13.597	586	676.638	45.91
22052	2	2	-1.518	2.701	13.442	584	680.286	45.95
22052	2	2	-1.483	2.723	13.383	582	676.253	45.9
22052	2	2	-1.475	2.633	13.179	578	667.184	46.03
22052	2	2	-1.376	2.304	12.932	569	673.432	46.1
22053	2	2	-1.599	2.415	13.296	586	672.713	45.58
22053	2	2	-1.634	2.359	12.216	582	666.999	45.92
22053	2	2	-1.649	2.335	12.234	581	666.633	45.91
22053	2	2	-1.641	2.46	11.87	578	666.426	46.04
22053	2	2	-1.584	2.483	11.685	581	665.352	46.19
22111	2	2	-3.006	2.236	15.267	652	630.187	43.32
22111	2	2	-3.05	2.169	14.825	656	628.115	43.37
22111	2	2	-3.03	2.124	14.149	654	629.304	43.57

22111	2	2	-3.066	2.519	13.533	650	632.288	43.67
22111	2	2	-3.039	2.298	13.203	643	629.172	43.65
22112	2	2	-2.725	2.21	9.568	609	647.13	44.17
22112	2	2	-2.73	2.226	9.528	609	649.622	44.17
22112	2	2	-2.797	2.097	9.16	607	644.754	44.26
22112	2	2	-2.833	2.279	9.631	608	644.887	44.17
22112	2	2	-2.819	2.453	9.9	612	640.333	44.17
22113	2	2	-2.96	2.117	7.986	598	626.011	43.8
22113	2	2	-2.967	2.135	9.018	608	618.218	43.81
22113	2	2	-3.08	2.088	10.089	617	619.102	43.87
22113	2	2	-3.006	2.107	10.379	625	618.779	44.12
22113	2	2	-2.932	2.103	10.465	628	620.749	44.28
22121	2	2	-3.412	2.361	14.43	597	681.441	39.29
22121	2	2	-3.506	2.795	14.745	594	682.307	39.34
22121	2	2	-3.404	3.116	14.629	595	685.223	38.99
22121	2	2	-3.427	2.525	14.63	600	682.705	38.61
22121	2	2	-3.432	2.799	14.31	608	687.995	38.81
22122	2	2	-3.32	2.955	16.103	571	643.934	39.12
22122	2	2	-3.359	2.671	15.83	577	650.581	38.84
22122	2	2	-3.447	2.665	15.722	582	650.621	38.95
22122	2	2	-3.358	2.619	15.62	586	653.054	39.14
22122	2	2	-3.434	2.781	15.333	592	651.654	38.95
22123	2	2	-3.517	2.619	13.876	576	659.666	40.37
22123	2	2	-3.545	2.267	13.986	583	656.795	40.41
22123	2	2	-3.528	2.582	14.077	588	662.055	40.43
22123	2	2	-3.542	2.438	14.298	592	663.702	40.6
22123	2	2	-3.518	2.885	13.984	601	666.667	40.75

22141	2	2	-2.356	2.279	5.094	707	675.399	46.55
22141	2	2	-2.236	2.109	4.481	711	665.394	46.9
22141	2	2	-2.28	2.017	3.442	710	649.151	47.22
22141	2	2	-2.203	2.209	2.657	704	638.391	47.49
22141	2	2	-2.157	2.008	2.918	700	630.505	47.56
22142	2	2	-2.242	3.155	30.733	311	572.918	48.43
22142	2	2	-2.167	3.444	30.131	313	561.809	48.63
22142	2	2	-2.291	3.921	29.152	310	569.16	48.63
22142	2	2	-2.23	2.54	29.36	307	573.13	48.65
22142	2	2	-2.167	3.593	28.489	308	592.255	48.36
22143	2	2	-2.091	4.193	28.435	300	562.444	49.03
22143	2	2	-2.046	3.496	26.919	305	542.7	49.42
22143	2	2	-2.122	4.314	27.364	304	491.976	50.15
22143	2	2	-2.121	4.003	29.347	295	485.605	50.27
22143	2	2	-2.183	3.759	28.247	291	494.254	50.29
22151	2	2	-1.558	2.45	16.631	655	701.377	42.29
22151	2	2	-1.639	2.792	16.259	665	699.029	42
22151	2	2	-1.714	2.422	16.282	671	695.831	41.78
22151	2	2	-1.77	2.659	15.967	674	701.514	41.72
22151	2	2	-1.716	1.982	15.963	678	701.173	41.8
22152	2	2	-1.852	2.045	15.684	703	722.834	42.28
22152	2	2	-1.26	2.367	15.351	714	723.89	42.48
22152	2	2	-1.4	2.016	15.627	732	721.256	42.79
22152	2	2	-1.631	1.933	15.197	742	710.726	42.66
22152	2	2	-1.599	1.516	15.156	750	713.24	42.83
22153	2	2	-1.476	2.45	14.768	739	719.551	41.42
22153	2	2	-1.497	2.314	15.096	745	713.956	41.73

22153	2	2	-1.626	2.491	14.852	753	711.881	41.79
22153	2	2	-1.683	2.44	14.95	662	713.657	41.62
22153	2	2	-1.729	2.597	15.169	676	712.493	41.78
22161	2	2	-2.482	1.972	16.922	638	636.011	45.91
22161	2	2	-2.511	2.728	16.592	637	635.002	45.94
22161	2	2	-2.383	2.058	16.787	639	624.024	45.88
22161	2	2	-2.348	2.929	17.036	633	624.853	46
22161	2	2	-2.342	2.946	17.777	628	622.235	46.34
22162	2	2	-2.291	2.962	19.02	638	633.972	45.32
22162	2	2	-2.383	2.373	18.473	643	629.908	45.27
22162	2	2	-2.321	3.069	19.052	639	630.421	45.2
22162	2	2	-2.358	3.209	19.108	637	629.911	45.15
22162	2	2	-2.374	2.172	18.968	634	632.175	45.13
22163	2	2	-2.423	2.902	17.58	647	626.003	46.55
22163	2	2	-2.415	2.273	16.55	644	620.891	46.72
22163	2	2	-2.336	2.548	16.712	636	619.015	46.84
22163	2	2	-2.427	2.801	16.289	643	621.984	46.56
22163	2	2	-2.336	2.995	17.461	628	629.295	46.9
22171	2	2	-1.69	2.024	18.605	678	693.352	43.45
22171	2	2	-1.682	2.003	18.684	676	694.808	43.55
22171	2	2	-1.681	1.989	18.61	680	697.146	43.67
22171	2	2	-1.665	1.926	18.592	683	700.38	43.85
22171	2	2	-1.676	1.951	18.681	680	699.895	43.87
22172	2	2	-1.662	1.677	18.332	696	719.908	44.47
22172	2	2	-1.659	1.725	18.809	704	711.534	44.77
22172	2	2	-1.614	1.719	18.669	711	714.297	45.11
22172	2	2	-1.718	1.705	18.189	717	711.18	45.29

22172	2	2	-1.795	1.806	19.016	729	703.557	45.31
22173	2	2	-1.57	1.661	18.464	707	737.589	43.61
22173	2	2	-1.541	1.617	18.29	713	746.676	43.92
22173	2	2	-1.552	1.622	18.391	719	750.551	44.3
22173	2	2	-1.523	1.66	18.645	725	754.463	44.45
22173	2	2	-1.508	1.714	19.198	728	753.269	44.56

참고문헌

강수균(2003). 초등학교 저학년의 우리말 표준 콧소리의 비율 연구. 난청과 언어장애, 26(1), 29-46.

김민정, 심현섭, 최홍식(2000). 음운환경과 검사어 길이가 정상 성인의 비음치에 미치는 영향. 언어청각장애연구, 5(2), 90-105.

김성일, 백진아, 신효근, 김오환(2000). 비음측정기를 사용한 정상 성인의 비음도에 관한 연구. 음성과학, 7(3), 219-228.

박한상(2004). 동기관음의 스펙트럼 차이를 이용한 비강 특성 산출: 예비연구. 말소리, 53, 17-35.

성철재(1996). 한국어 비음의 음향적 특성에 관한 실험음성학적 연구. 말소리, 31-32, 9-22.

성태제(2011). SPSS/AMOS를 이용한 알기 쉬운 통계분석. 서울: 학지사.

송상욱(2009). Receiver Operating Characteristic (ROC) Curve를 이용한 민감도와 특이도 측정, 한국가정의학회지, 30(11), 841-842.

안재형(2011). R을 이용한 누구나 하는 통계분석. 서울: 한나래.

이호영(1993). 한국어 자음변이음의 조음적 특성. 어문교육. 부산수산대학교 어학연구소.

최은아(2010). 심도 청각장애 성인과 아동 음성의 음향음성학적 특성. 충남대학교 대학원 박사학위논문.

최은아, 박한상(2010). 심도 청각장애 성인의 발성 특성: 음원 스펙트럼의 기울기와 H1-H2를 중심으로, 언어청각장애연구, 15(4), 494-505.

최홍식, 박용재, 김광문(1995). 진동 센서를 이용한 객관적 비강공명 측정장치의 개발 및 그 임상적 이용. 대한음성언어의학회지, 6(1), 46-55.

홍기환, 김영중, 김영기(1994). 편도적출술이 음형대 및 비음도에 미치는 영향. 대한이비인후과학회지, 37(3), 543-552.

황영진(2007), 비성도 검사를 위한 표준화 문장 개발과 정상 규준치 연구. 대구대학교 대학원 박사학위논문.

Baken, R. (1987). *Clinical measurement of speech and voice*. Little, Brown & Co. College Hill Press.

Bess, F. H. & Humes, L. E. (2003). *Audiology*. Philadelphia, PA: Lippincott Williams & Wilkins, a Wolters Kluwer business.

Bjuggren, G. & Fant, G. (1964). The nasal cavity structures. *Speech Trans. Lab. Q. Prog. Stat. Rep., 4, Royal Institute of Technology: Stockholm*, 5-7.

Brunnegård, K. & Doorn, J. V. (2008). Normative data on nasalance scores for Swedish as measured on the Nasometer: Influence of dialect, gender, and age. *Clinical Linguistics & Phonetics. 23*(*1*), 58-69.

Chen, M. Y. (1997). Acoustic correlates of English and French nasalized vowels. *Journal of Acoustical Society of America, 102*(*4*), 2360-2370.

Chen, M. Y. & Metson, R. (1997). Effects of sinus surgery on speech. *Arch. Oto-Laryngology-Head Neck Srg. 123*, 845-852.

Dang, J., Honda, K., & Suzuki, H. (1994). Morphological and acoustical analysis of the nasal and the paranasal cavities. *Journal of the Acoustical Society of America, 96*, 2088-2100.

Dalston, R. M., Warren, D. W., & Dalson, E. T. (1991). Use of Nasometry as a diagnostic tool for identifying patients with velopharyngeal impairment. *Cleft palate-Craniofacial Journal, 28*, 184-188.

Dalston, R. M. & Seaver, E. J. (1992). Relative values of various standardized passages in the Nasometric assessment of patients with velopharyngeal impairment. *Cleft Palate Journal, 29*, 17-21.

Dalston, R. M., Neiman, G. S., & Gonzalez-Landa, G. (1993). Nasometric sensitivity and specificity: A cross-dialect and cross-culture study. *Cleft palate-Craniofacial Journal, 29(1)*, 285-291.

Delattre, P. (1954). Les attributs acoustiques de la nasalité bocalique et consonantique. Stud. *Linguist, 8*, 103-109.

Fant, G. (1960). *The acoustic theory of speech production*. Mouton: The Hague.

Fairbanks, G. (1960). *Voice and articulation drillbook* (2nd ed.). NY: Harper and Bros.

Fletcher, S. G. (1970). Theory and instrumentation for quantitative measurement of nasality. *Cleft Palate J., 7*, 601-609.

Fletcher, S. G. (1972). Contingencies for bioelectric modification of nasality. *Journal of Speech and Hearing Research. 37*, 329-346.

Fletcher, S. G. & Frost, S. D. (1974). Quantitative and graphic analysis of prosthetic treatment for nasalance in speech. *J. Prosthet. Dent., 32(3)*, 284-291.

Fletcher, S. G., Adams, L. E., & McCutcheon, J. J. (1989). Cleft palate speech assessment through oral-nasal acoustic measures. *Communicative disorders related to cleft lip and palate(ed. by K. Bzoch)*, 246-257, Boston: Little, Brown and company.

Forrest, K., Weismer, G., Milenkovic, P., & Dougall, R. N. (1988). Statistical analysis of word-initial voiceless obstruents: preliminary data. *Journal of the Acoustical Society of America, 84*, 115-123.

Fujimura, O. (1960). Spectra of nasalized vowels, *Q. Prog. Rep. 58*, MIT, 214-218.

Greiner, M., Pfeiffer, D., & Smith, R. D. (2000). Principles and practical application of the receiver-operating characteristic analysis for diagnostic tests. *Prev Vet Med. 45*. 23-41.

Gwet, K. L. (2008). Computing inter-rater reliability and its variance in the presence of high agreement. *British Journal of Mathematical and Statistical Psychology. 61*, 29-48.

Hanley, J. A., & McNeil, B. J. (1982). The Meaning and use of the area under a receiver operating characteristic (ROC) curve. *Radiology, 143(1)*, 29-36.

Hardin, M. A., Van De Mark, D. R., Morris, H. L., & Payne, M. M. (1992). Correspondence between nasalance scores and listener judgements of hypernassality and hyponasality. *Cleft Palate-Craniofacial Journal, 29(4)*, 346-351.

Hirschberg, J., Bok, S., Juhasz, M., Trenovszki, Z., Votisky, P., Hirschberg, A. (2006). adaptation of nasometry to hungarian lanuage and experiences with its clinical application. *International Journal of Pediatric Otorhinolaryngology, 70*, 785-798.

Hocking, R. R., & Rendeltion, O. J.(1983), The Regression Dilemma, *Communications in Statistics, A12*, 497-527.

House, A. S. & Stevens, K. N. (1956). Analog studies of the nasalization of vowels, *J. of Speech Hear. Dis., 21*, 218-232.

Johnson, K. (2005). *Acoustic and Auditory Phonetics*. Blackwell pub.

Kataoka, R. Michi, K. Okabe, K. Miura, T. & Yoshida, H. (1996). Spectral properties and quantitative evaluation of hypernasality in vowels. *Cleft Palate-Craniofacial Journal, 33(1)*, 43-50.

Kenney, J. F. & Keeping, E. S. (1962). *Mathematics of Statistics*, Pt. 1, 3rd ed. Princeton, NJ: Van Nostrand.

Kristiane M. Van Lierdea Marc De Bodtb, Isabelle Baetensb, Valentine Schrauweana, Paul Van Cauwenbergea (2003). Outcome of treatment regarding articulation, resonance and voice in Flemish adults with unilateral and bilateral cleft palate. *Folia Phoniatr Logop. 55*, 80-90.

Kuehn, D. P. & Dalston, R. M. (1989). Cleft palate and studies related to velopharyngeal function. in *Human Communication and Its Disorders(ed. Winitz, H., Ablex: Norwood)*, 1-106.

Kummer, A. W. (2005). The MacKay-Kummer SNAP Test-R. simplified nasometric assessment procedures. available online at: www. kaylelmetrics.com/ snaptesttr.htm.

Kutner, M., Nachtsheim, C., & Neter, J. (2004), *Applied Linear Regression Models, 4th edition*, McGraw- Hill Irwin.

Ladefoged, P. (1996). *Elements of Acoustic Phonetics*. Chicago, IL: The University of Chicago Press.

Likert, R. (1932). A Technique for the Measurement of Attitudes. *Archives of Psychology, 140*, 1-55.

MacKay, I. R., & Kummer, A. W. (1994). The MacKay Kummer SNAP test. Lincoln Park, NJ: Kay Electronics Corp.

Maeda, S. (1982). Acoustic cues of vowel nasalization: A simulation study. *Journal of Acoustical Society of America, suppl 1, 72*, S102.

Maeda, S. (1993). Acoustics of vowel nasalization and articulatory shifts in French nasal and vowels. *in Phonetics and Phonology vol. 5: Nasals, Nasalization and the Velum(ed. by Huffman, M. K. and Krakow, R. A.; Academic; NY)*, 147-167.

McLean, C. C., et al. (1997). An instrument for the non-invasive objective measurement velar function during speech. *Med. Eng. Phys., 19(1)*, 7-14.

Nellis, J. L., Neiman, G. S., & Lehman, J. A. (1992). Comparison of nasometer and listener judgements of nasality in the assessment of velopharyngeal function after pharyngeal flap surgery. *Cleft Palate-Cranifoacial Journal, 29(2)*, 157-163.

Pickett, J. M. (1999). *The acoustics of speech communication: Fundamentals, speech perception, theory and technology*. Boston,

MA: Allyn and Bacon.

Rao, C. R. (1973). *Linear statistical inference and its applications* (2nd ed.). New York: John Wiley & Sons.

Rochet, A. P., Rochet, B. L., Sovis, E. A., & Mielke, D. L. (1998). Characteristics of Nasalance in Speakers of Western Canadian English and French. *Journal of Speech Language Pathology and Audiology. 22(2)*, 94–103.

Seaver, E. J., Dalston, R. M., Leeper, H. A., & Adams, L. E. (1991). A study of nasometric values for normal nasal resonance. Journal of Speech and Hearing Research, 34(4), 715–721.

Stevens, K. N., Nickerson, R. S., Boothroyd, A., & Rollins, A. M. (1976). Assessment of nasalization in the speech of deaf children. *Journal of Speech and Hearing Research, 19*, 393–416.

Stevens, K. N. (2000). *Acoustic Phonetics*. MIT Press.

Swets, J. A. (1988). Measuring the accuracy of diagnostic systems. *Science, 240*, 1285–1293.

Tachimura, T., Mori, C., Hirata, S., & Wada, T. (2000). Nasalance score variation in normal adult Japanese speakers of mid-west Japanese dialect. *Cleft Palate-Craniofacial Journal, 37(5)*, 463–467.

Watterson, T., Mcfarlane, S. & Wright, D. (1993). The relationship between nasalance and nasality in children with cleft palate. *Journal of Communication Disorder, 26*, 13–28.

Watterson, T., Lewis, K. E., & Deutch, C. (1998). Nasalance and nasality in low pressure and high pressure speech. *Cleft Palate-Craniofacial Journal, 35(4)*, 293–298.

Watterson, T., Lewis, K., & Brancamp, T. (2005). Comparison of nasalance scores obtained with the Nasometer 6200 and the Nasometer II 6400. *Cleft Palate-Craniofacial Journal, 42*, 574–579.

Watterson, T. & Lewis, K. E. (2006). Test-retest nasalance score variability in hypernasal speakers. *Cleft Palate-Craniofacial Journal, 43*(4), 415-419.

Watterson, T. & Blanton, A. (2008). Comparison of short-term and long-term variability in nasalance scores. *Cleft Palate-Craniofacial Journal, 45*(5), 495-500.

Youden, W. J. (1950). Index for rating diagnostic tests. *Cancer, 3*, 32-35.

Zweig, M. H., & Campbell, G. (1993). Receiver Operating Characteristic (ROC) Plots: A Fundamental Evaluation Tool in Clinical Medicine. *Clinical Chemistry, 39*(4), 561-577.

찾아보기

인명

내용

저자 소개

성철재(cjseong49@gmail.com)

서울대학교 인문대학 언어학과 학사
동 대학원 언어학과 석 · 박사
한국전자통신연구원(ETRI), post-doc연구원
미국 UCLA 대학교 언어학과 방문학자
한국전자통신연구원(ETRI) 초빙연구원
충남대학교 인문대학 부학장
충남대학교 부설 언어치료센터장
미국 인디애나 대학교 말 · 청각과학과 방문학자
현 충남대학교 언어학과 교수
 동 대학원 언어병리학과 교수
 미국 인디애나 대학교 말 · 청각과학과 외래교수
 한국음성학회 상임이사
 한국언어청각임상학회 상임이사
 한국언어학회 상임이사
 한국음향학회 편집위원

주요 저서 및 역서

음성학과 공학의 만남(충남대학교 출판부, 2003)
의사소통장애(역, 학지사, 2011)

비음과 비성도

2012년 12월 20일 1판 1쇄 인쇄
2012년 12월 31일 1판 1쇄 발행

지은이 • 성철재
펴낸이 • 김진환
펴낸곳 • (주) 학지사
121-837 서울시 마포구 서교동 352-29 마인드월드빌딩 5층
대표전화 • 02)330-5114 팩스 • 02)324-2345
등록번호 • 제313-2006-000265호

홈페이지 • http://www.hakjisa.co.kr
커뮤니티 • http://cafe.naver.com/hakjisa

ISBN 978-89-6330-997-2 93700

정가 13,000원

저자와의 협약으로 인지는 생략합니다.
파본은 구입처에서 교환해 드립니다.